Toi mon enfant différent
mon roi, mon ange

Récit d'une mère face au handicap

Linda Sarah

Toi mon enfant différent mon roi, mon ange

Récit d'une mère face au handicap

Préface de Philippe Pozzo di Borgo

L'Harmattan

5-7, rue de l'École-Polytechnique ; 75005 Paris
http://www.librairieharmattan.com
diffusion.harmattan@wanadoo.fr
harmattan1@wanadoo.fr
ISBN : 978-2-296-99110-1
EAN : 9782296991101

A Yoann, mon roi, mon ange

A mon mari, mon soutien

A mes enfants: Jean Philippe, David, Julien, Sarah

A mes petits enfants

A mes belles filles et mon gendre ainsi qu'à toute la famille

A tous nos amis qui nous ont aidés
Aux parents ayant des enfants comme toi

A toutes les personnes qui s'occupent de toi

PREFACE

Linda Sarah m'a contacté par téléphone au printemps 2012. J'étais sur mon fauteuil électrique à l'ombre de l'araucaria de notre jardin dans la campagne d'Essaouira. La douce brise des alizés de l'Atlantique marocain me reposait de la frénésie médiatique que mon épouse Khadija et moi-même venions de subir durant six mois . Le succès phénoménal du film *Intouchables*[1] et de la nouvelle édition de mon *Le second souffle*[2] en France et à l'étranger avait provoqué une déferlante dans notre vie.

" Voulez-vous préfacer mon livre à paraître ? Encore une demande qui s'ajoutait aux autres.

- Madame, lui répondis-je, de quoi s'agit-il ? J'ai peur de ne pouvoir y répondre car je suis en retard sur tout.

- Ce n'est pas grave, dit Linda; c'est un témoignage sur mon fils Yoann, infirme moteur cérébral, qui partage notre vie depuis 35 ans; j'attendrai le temps qu'il faudra.

Je suis touché par la voix chaleureuse où perce la résilience.

-Donnez-moi un peu de temps pour respirer et je la rédigerai."

Le manuscrit de *Toi mon enfant différent, mon roi, mon ange* est resté parmi les autres sur un coin du bureau jusqu'à ce que, quelques semaines plus tard, ma condition de tétraplégique me rattrape et me contraigne à l'alitement. Je demande à mon assistante Emeline de me

---

[1] Film d'Eric Toledano et Olivier Nakache avec François Cluset et Omar Sy.

[2] Editions Bayard, octobre 2011.

présenter les ouvrages en souffrance. La voix de Linda Sarah me revient en mémoire à l'énonciation du titre de son manuscrit. Je parcours le prologue et "mes tripes" pour reprendre l'expression de Linda sont saisies. Je repris chaque mot depuis le début ; avec pesanteur. Parfois je relis une phrase à voix haute ; souvent, l'émotion m'étreint. Je me surprends à sourire. Je ne m'arrêterai qu'au point final, épuisé et allégé. Quel souffle de vie, d'amour! Dans toute cette souffrance, une fraîcheur.
Le lendemain, je relis le manuscrit : même lumière, une vraie renaissance. Je me fais asseoir sur mon fidèle fauteuil et brancher le dictaphone. Sous les oliviers en fleurs, en bordure de la forêt d'eucalyptus où nichent les tourterelles qui s'étanchent et s'ébattent dans la fontaine frémissante derrière moi, je cherche les mots. La colère face à la bureaucratie médicale, le génie d'une mère, l'humanité et l'humour d'un "infirme", le courage, l'éloge de la faiblesse, le don et l'accueil. Qu' ajouter à une mère qui parle de son enfant ? Quelques fulgurances : lucidité, bonté, intégrité, vérité, sobriété.
Ce livre m'a apporté ce que je pressentais de nécessaire dans notre vie agitée : la paix et le bonheur de vivre, même aux extrêmes .
Toi mon enfant différent, mon roi, mon ange, je te remercie: j'ai retrouvé dans tes silences ma conscience, la petite Espérance.

Philippe Pozzo di Borgo

Essaouira, printemps 2011

PROLOGUE

C'est avec mes « tripes » que j'écris ce livre. Depuis plusieurs années m'habite le désir de tout mettre sur du papier, et aujourd'hui le moment est arrivé.

Il s'agit de la vie que j'ai avec Yoann, mon fils, mon enfant différent. Il y a trente-quatre ans que je l'ai mis au monde. Je n'avais que 26 ans, je ne savais pas du tout ce que pouvait être le monde du handicap. Maman de deux enfants pleins de vie et en bonne santé, je vis cette nouvelle grossesse, pleine d'espoir. Trois enfants, nous devenons une famille nombreuse.

Ce livre je l'écris avant tout pour toi, mon Yoyo.
J'ai mille projets pour toi dans ma tête avant ta naissance. Si c'est un garçon, il sera musicien, le prénom de Yoann est choisi en pensant aux valses de Strauss. Mais nous aurons peut-être une fille ! Mon idéal d'ailleurs est d'avoir deux garçons et une fille.

On ne choisit pas, la vie nous impose notre chemin, c'est à nous d'en faire une grande route et d'assumer notre parcours le mieux possible.

C'est un livre d'amour avant tout, de contradictions, de révoltes, d'espoir. Tu m'as donné une grande leçon de courage.

Tu aurais peut-être aimé écrire ce livre !

Je m'efforce de retracer ce que tu vis, de dire les

phrases que tu prononces, tes remarques, tes sentiments, mais il restera toujours une part de secret.

YOANN

Mon roi, mon ange, je ne sais pas encore que j'attends un garçon, j'espère une fille. Tes frères aînés de 5 ans et 4 ans me comblent de joie. Une fille serait l'idéal après deux garçons. La vie a choisi à ma place.

Année 1976, mon ventre commence à peine à s'arrondir que des premiers saignements apparaissent, me plongeant dans une angoisse lancinante. Mon état psychologique est fragilisé, je pleure très souvent, nous venons d'enterrer ma maman, ta grand-mère. Je n'ai que 26 ans, heureusement que tes deux frères sont là pour me redonner la joie de vivre. Les saignements persistent. Après une échographie, le diagnostic tombe :

- Madame, vous avez un placenta prævia, plus le bébé va grossir plus les hémorragies seront abondantes.

Il vous faut absolument rester couchée (J'en suis à mon 5e mois de grossesse).

Comment faire avec deux petits bouts de chou qui sautent partout, personne pour m'aider. Ma famille loin de moi. Ton papa, débutant sa profession libérale (médecin) est submergé de travail. Alors malgré le traitement pour stopper les saignements, les contractions ont commencé. Je reste la plus part du temps allongée,

dans la mesure du possible. Je sélectionne les urgences dans la maison. Pas facile, linge propre, repas, ménage, la moindre activité demande d'être debout. Comment faire ? La bataille commence, mais je ne le sais pas encore.
Première semaine de septembre : tiens bon mon bébé, ce n'est pas l'heure de venir !
Les contractions se font de plus en plus nombreuses, toujours personne pour m'aider, personne pour m'expliquer les risques d'un accouchement prématuré. Je me sens très seule, ton père rentre tard le soir de son travail, je ne vais pas l'ennuyer avec mes questions !
Le 5 septembre il faut absolument partir pour la clinique. Perfusion dès mon arrivée pour retarder ta naissance qui normalement est prévue pour mi- décembre. Il te reste encore deux mois et demi à tenir au chaud dans le ventre de maman. Rien à faire, tu as décidé de naître le 6 septembre 1976. Tu es pressé de connaître ta famille.

Avant de partir, nous appelons en urgence les grands parents paternels pour garder les petits. Je pars le cœur gros de les laisser. Je ne sais pas pour combien de temps on va me garder à la clinique. Ton père ne me quitte pas, toute la nuit se passe entrecoupée de visites de surveillance en demi-somnolence. Avec l'aide de la perfusion, les contractions ont l'air plus espacées. A 7 heures du matin, ton père décide d'aller à la maison pour se raser (nous sommes à cinq minutes de la clinique).

Je l'encourage, mais oui, nous avons le temps. Mais il n'est pas plutôt parti, que les contractions redoublent.

Il est 7 heures 45, cela se bouscule au portillon. Je

commence à pousser, affolement général.Une sage-femme me transfère sur un brancard, me dirige dans tous les sens dans un ascenseur. A ce moment là, il me vient à l'esprit une scène du film de Louis de Funès dans « Fantomas », l'image d'un lit qui va d'un endroit à l'autre. J'ai le fou rire. La sage-femme se demande si je ne suis pas folle.
Toi aussi, il ne t'en faut pas beaucoup pour éclater de rire. C'est donc vrai que les premiers instants de la vie sont très importants.
Tout s'est fait en quelques secondes, je ne sais plus ce qui m'arrive, le produit de la perfusion me fait vomir, ton père qui ne revient pas, c'est le chaos total.
Il y a eu quand même, le geste tendre de l'infirmière qui prend ma tête contre elle en me caressant pour me donner du courage.

TA NAISSANCE

8 heures, tu arrives, dans un grand affolement. Je n'ai même pas le temps de pousser, j'ai l'impression d'avoir un poisson qui glisse entre mes jambes.

- C'est une fille, non, un garçon.
- Alors, mettez-vous d'accord

1 kg 500. Je ne sais pas comment ils ont pris le temps de te peser. Tout se passe en un éclair. Je te regarde à travers une couveuse. Je te trouve très beau, je vérifie que tu aies tout, non rien ne manque à première vue. Tu as des cheveux roux, des mains parfaites avec même des ongles faits. Tu as crié tout de suite. Tout semble normal, mais on t'arrache à moi, je ne te vois que quelques secondes. On t'emmène à l'hôpital le plus proche pour grands prématurés. Je ne comprends pas tout de suite ce que veut dire « un grand prématuré ».
Trois secondes pour un premier contact c'est un peu court. Je me retrouve seule sans avoir pu te toucher, t'embrasser, te serrer dans mes bras, sans avoir pu te dire :

- N'aie pas peur, je suis avec toi, tout ira bien.

On me redescend dans la chambre, personne n'a la délicatesse d'enlever le berceau à côté du lit. J'entends les autres bébés crier, c'est intenable. Je ne ris plus, je pleure. Je veux partir d'ici, venir près de toi, mais non, je suis trop faible, il faut que j'attende le troisième jour pour sortir. J'ai même le droit, en cadeau, à une transfusion d'office car mon taux de globules rouges est trop faible. D'ailleurs, ce fut vraiment un cadeau inoubliable, 2 mois après, j'avais une hépatite grâce à elle. Je n'ai pas à me plaindre, j'aurais pu "attraper" le sida.

Aussitôt sortie de la clinique, je demande à ton papa d'aller te voir à l'hôpital. Nous habitons une grande et belle ville, Toulouse, mais je ne regarde plus rien, peu m'importe qu'il fasse beau, qu'il pleuve, que les nouvelles soient bonnes, je n'ai qu'une envie, être près de toi. Nous nous retrouvons dans cet immense CHU, nous cherchons le service des grands prématurés, nous arrivons dans un grand couloir avec des box vitrés derrière lesquels se trouvent de petits êtres qui luttent entre la vie et la mort.

On nous indique l'endroit où nous devons attendre, devant une vitre, fermée par un store. L'infirmière ouvre le rideau, nous te voyons à peine, il faut presque te deviner à travers cette couveuse, tout petit, des fils partout, personne pour nous expliquer, l'angoisse commence. Je reste sans parole, ma gorge se noue, j'ai envie de hurler, de te reprendre contre moi.

Nous nous serrons les mains avec papa pour nous soutenir mutuellement . Je comprends que je ne ferai rien de plus, impuissante, je me laisse guider par papa, comme une automate. Au bout du couloir, se trouve le bureau des infirmières, nous nous rapprochons, en espérant avoir des détails, non, on nous dit tout simplement :

- Téléphonez demain, on vous donnera des nouvelles.

Nous repartons avec papa, tristes, main dans la main, je ne le lâche pas de peur de tomber sous le poids de la douleur qui m'envahit. Mille questions nous viennent en tête, mais la gorge serrée, nous n'osons même pas les prononcer.

C'est ainsi que nous avons vécu deux mois et demi entre la maison, l'hôpital, tes frères qui ont besoin de moi, qui n'ont pas compris pourquoi on ne t'a pas ramené à la maison. Malgré cette dure épreuve la vie continue, dès que j'ai emmené la petite famille à l'école, je me précipite pour venir te voir. Nous sommes à une demi-heure de l'hôpital, le chronomètre se met en route. Il faut que je sois de nouveau de retour pour la sortie de l'école. En chemin, j'ai peur, comment vais-je te retrouver ? Avec une machine de plus branchée à ton petit corps ? Je grimpe les escaliers qui mènent aux grands prématurés, de plus en plus vite. Chaque minute compte pour rester près de toi, (derrière une vitre). Tu ne peux pas m'entendre, mais mon amour doit passer au delà de cette barrière pour t'aider à surmonter cette terrible épreuve.
En repartant, je dois, petit à petit, retrouver un visage serein pour ne rien laisser paraître à tes frères. Continuer à avoir de l'espoir.

En dehors de chaque visite à l'hôpital, le téléphone peut sonner à tout moment pour nous annoncer une mauvaise nouvelle. Les heures se suivent, mais à des rythmes différents. Ton état est tantôt dramatique, tantôt stationnaire, parfois avec un léger mieux.

Tu t'accroches à la vie, mon Yoyo. Tu veux faire un

bout de chemin avec nous même si la route va être quelquefois très difficile.

C'est un tourbillon d'angoisse, une période très dure. J'essaie malgré tout de donner l'image d'une maman souriante, d'une femme attentive, pour la maison, pour ton papa. J'avoue que je triche complètement. Je n'ai pas du tout l'envie de rire, ni de sourire. Une seule pensée m'habite : que tu t'en sortes. Loin de m'imaginer toutes les difficultés qui nous attendent.

J'en veux à la terre entière, éprouvée durement il y a quelques mois par le décès de ma mère, le sort s'acharne, les épreuves s'accumulent.

Chaque jour, en revenant de l'hôpital, voyant ton petit berceau vide, ma blessure intérieure s'agrandit.

La question reste en suspens ! Seras-tu un jour dans cette chambre préparée pour ta naissance ?

A ce jour nul ne le sait. Tu te bats quotidiennement un peu plus pour rester en vie.

LE PREMIER CONTACT

Début novembre 1976

Arrive le jour, au bout de deux mois, où je peux enfin te toucher à travers la couveuse. C'est une grande émotion, une autre naissance.

On m'habille des pieds à la tête en blanc, je dois mettre un masque, une charlotte sur la tête, des gants, des bottes, l'allure générale n'est pas « top » pour notre premier rendez-vous, mais tu n'ouvres encore pas bien tes yeux, heureusement, ils ne m'ont pas donné un micro pour te parler. Au moins, tu as pu certainement reconnaître la voix de maman.

Enfin on se retrouve, on recommence à communiquer. On reprend contact verbalement comme lorsque que tu étais dans mon ventre.

Je passe mes mains à travers les deux ouvertures de la couveuse, je tremble, je te caresse tout doucement, tu es encore si fragile, j'ai peur de te casser. Mais dans le fond, c'est toi qui es le plus fort pour avoir résisté à toutes ces épreuves. Je suis soulagée de te voir avec moins de fils. Je n'ai pas le droit de rester très longtemps, mais ces minutes passées ensemble comptent double. Quelques jours plus tard, j'ai la permission de te sortir de la couveuse et je peux te donner le premier biberon contre moi.

Quel grand moment d'émotion, je peux te serrer, te

sentir, t'avoir tout entier, je pleure de joie.
Te prendre dans mes bras pour la première fois, est un moment indescriptible. Quand on a la chance d'avoir son bébé tout de suite, on vit aussi une grande joie, mais quand on doit attendre des mois, l'émotion est multipliée au centuple !

Ta santé a commencé à s'améliorer, je suis très reconnaissante aux médecins qui s'occupent de toi. Mais, par la suite, je leur en ai voulu terriblement de s'acharner à tout prix pour faire vivre des enfants avec des cerveaux lésés, sans présager de la vie qui les attend, des souffrances, de la solitude et pour certains de l'abandon. Je ne dis pas cela pour toi, mon roi, tu as la chance d'avoir une famille qui t'entoure, qui ne baisse pas les bras.

Je suis persuadée que si des stages étaient obligatoires pour tous les étudiants en médecine dans des Mas « maisons d'accueil spécialisées » au cours de leur dernière année d'étude, cela leur permettrait peut-être de réfléchir sur le devenir de ces enfants handicapés à l'âge adulte. Rien n'est fait pour faciliter la vie des parents, il faut sans arrêt se battre, même pour obtenir un petit quelque chose. Je rentre dans un nouveau monde, plein d'embûches et de contraintes.

Je vais apprendre tout cela peu à peu.

« Ne pas sous-estimer notre capacité à endurer et à surmonter les épreuves . On en sort grandi et plus fort . Les grands chênes aussi ont connu des tempêtes».

Catherine Rambert

RENAISSANCE

Fin novembre 1976

Arrive le grand jour, nous pouvons te ramener avec nous. Tout est prêt à la maison pour t'accueillir. Nous t'attendons avec impatience. Nous venons te chercher avec papa. Je t'emmitoufle, pourvu que tu n'aies pas froid, tu parais encore si faible.

Enfin, tes frères vont pouvoir faire ta connaissance. Nous devenons une famille nombreuse avec trois enfants, une famille normale, du moins je le crois. Non, nous ne sommes pas des gens ordinaires. Il a fallu se démarquer avec toi. L'entourage proche, les amis, ne savent plus s'il faut t'offrir un cadeau de naissance, personne ne te connaît. Deux mois en réanimation à l'hôpital, tout le monde ne se permet pas ce petit écart.

Tu fais ton entrée dans le monde comme un artiste qui s'est fait attendre, le temps de finir son maquillage. Tout le monde te trouve très beau, enfin surtout moi. Tu pèses tout juste 2kg 600.

Premier soir en famille, tes frères sont rassurés, tu as tout ce qu'il faut. Après ces premières présentations, tout mon petit monde part se coucher. Toi je te garde près de moi. La première nuit est très stressante, peur que tu ne respires plus.

Les premiers mois qui ont suivi, se déroulent avec une préoccupation majeure : que tu grossisses avec de bons biberons. Je n'ai pas eu la chance de pouvoir te nourrir.

Dès le lendemain de ta naissance, j'ai eu droit à un traitement de choc : cachets pour stopper la montée de lait et bandage serré, comme si on voulait faire disparaître mes seins qui n'ont même pas servi. Malgré cela, la nature est plus forte. Deux mois et demi après ta naissance, à la date prévue initialement pour l'accouchement, je me retrouve avec 110 de tour de poitrine, et du lait qui coule tout seul. Trop tard, on ne fait pas machine arrière.

La vie reprend son cours, t'avoir à la maison est un grand soulagement. Durant tes premières promenades, les voisins me demandent :

- Vous gardez un enfant ?
- Mais non, c'est mon fils.

Je n'ai pas eu le temps de grossir, mon ventre de femme enceinte ne se voyait pratiquement pas. Aussi, j'ai récupéré tout de suite « ma ligne haricot vert » (extra-fine). Merci Yoann, grâce à toi, pour les années qui suivront, je me fais des abdos en béton en te portant. L'alimentation se fait sans problème, tu deviens un beau bébé tout rond comme tes frères.

UNE NOUVELLE ANNEE

Début d'année 77

Je n'ai plus les trajets entre la maison et l'hôpital, mais je ne suis pas tranquille. Une inquiétude sournoise par moment m'envahit.
Tu dors beaucoup, tu ne gazouilles pas, tu ne pleures pas. Tu ne regardes pas les mobiles accrochés au- dessus de ton lit.

Quand vas-tu te réveiller comme un autre bébé de 6 mois ?

Malgré toutes ces questions, je retrouve une vie normale à la maison auprès des autres enfants. Je redécouvre les moments de jeux avec eux, je leur fais de bons goûters, tous ces moments de bonheur qui m'ont été enlevés depuis quelques mois ont à nouveau leur place. La vie peut basculer du jour au lendemain par la souffrance. L'accalmie qui nous est accordée, je la savoure à cent pour cent. Je deviens un peu égoïste, les nouvelles à la radio bonnes ou mauvaises ne me touchent pas. Mon univers c'est vous, mes enfants.
J'apprécie les petits plaisirs au quotidien. A mes yeux, l'hiver est devenu le printemps, un petit bout de soleil et hop, la journée resplendit. Tout m'apparaît plus léger après cette dure épreuve.
Tout cela ne va pas durer aussi sereinement.

TU AS 6 MOIS

Des bronchites asthmatiformes se multiplient. Tu conserves une grande fragilité des poumons. Nous nous levons 7 à 8 fois par nuit, papa et moi à tour de rôle. Nous avons le droit à de petits répits et, pour ne pas perdre le rythme, tu « remets le couvert » tous les dix jours. Mais ce qui m'inquiète le plus, c'est que tu ne te tiens pas assis, tes mains sont deux poings serrés, ta tête penche un peu, de ta bouche que tu n'arrives pas à fermer complètement coule un peu de salive. Ce n'est pas grave, je t'essuie régulièrement, je m'interroge, sans trop savoir ce qui nous attend tous les deux.

Je me suis fait beaucoup de souci, il y a quatre ans, pour ton frère David, le deuxième, né un mois avant terme. Il dormait tout le temps les premiers mois, et, il n'a marché qu'à 17 mois. Alors pour toi, j'ai déjà une petite expérience : du retard, c'est sûr tu en as. Mais pour le moment personne ne me donne d'explication. J'ai beau essayer de te donner un jouet, un biscuit, mais non, tu n'arrives pas à ouvrir tes petites mains. Le baby relax, ce n'est pas pour toi, tu n'arrives pas à tenir ta tête. Le plus souvent, comme pour tes frères, je te porte contre moi avec un porte-bébé.

Je suis bien décidée au cours de ta prochaine visite à l'hôpital à demander des explications.

9 MOIS

Tous les mois, au cours de ta visite de contrôle à l'hôpital, j'entends toujours la même phrase dite par le professeur qui dirige le service des grands prématurés, suivi de sa cour d'étudiants :

- Tout va bien madame, revenez le mois prochain.

Pour la visite de ton neuvième mois, je prends la parole, dans cette salle de consultation, froide, impersonnelle. Avec tous ces gens en blouses blanches qui nous regardent, je me sens devant un tribunal.

-Excusez-moi si j'ai un enfant qui ne se développe pas tout à fait comme les autres.

Après le bonjour de politesse, je pose immédiatement les questions qui me tracassent :

- Alors maintenant vous allez me dire la vérité. C'est mon troisième enfant, il a 9 mois, pourquoi il ne tient pas assis, pourquoi il n'arrive pas à ouvrir sa main pour tenir un boudoir, pourquoi il ne relève pas sa tête, pourquoi il ne me regarde pas, pourquoi il n'avale pas sa salive ?

Le son de ma voix augmente de plus en plus, ma respiration est de plus en plus courte, il faut que j'arrive au bout sans être interrompue.

Pendant quelques secondes, un silence s'installe dans la salle, chacun se regarde perplexe et gêné. Le verdict tombe comme une sentence.

Très calmement, ce grand professeur (pour moi tout petit) me dit :

- Vous avez raison, madame, il faut l'emmener dans un centre spécialisé pour enfant handicapé. »

L'intonation de sa voix, comme si il me prescrivait une simple aspirine, raisonne encore dans ma tête. Quel manque d'humanité.

Des annonces de ce genre, j'en aurai d'autres. Je veux lui crier ma douleur, c'est lui le fautif, lui qui a tout fait pour que l'on te réanime, sans se préoccuper de ton avenir. Et maintenant ce n'est plus son problème, à nous de nous débrouiller comme nous le pouvons.

« Ne pas plier sous les coups durs de la vie

Ne pas succomber au désespoir

Ne pas se laisser submerger par la souffrance »

LA DOUCHE FROIDE

C'est un coup de poignard que je viens de recevoir. Je ne suis pas du tout préparée à cette épreuve. A 26 ans je n'imagine même pas avoir un enfant différent de ses deux frères aînés. Je sors de l'hôpital en te serrant de toutes mes forces, je sanglote, une foule d'idées me passent par la tête.

Il n'y a pas trente six solutions, soit je me tue avec toi, soit je me bats pour que tu t'en sortes sans trop de séquelles.

Tu dois connaître déjà mon choix, toi qui t'es accroché à la vie pour triompher de toutes les embûches. Des complications accumulées les unes après les autres, cet acharnement thérapeutique depuis ta naissance. Tu as tout surmonté.

Je suis persuadée que tu as subi une sur oxygénation à l'hôpital et que tu aurais certainement beaucoup moins de problèmes si je t'avais gardé au chaud contre moi. Mais malheureusement, on ne nous donne pas le choix, on décide pour nous.

J'opte pour la solution qui me paraît la plus raisonnable, tes frères ont besoin encore de leur maman.

Je n'ai pas le droit de baisser les bras !

Tu me montres l'exemple.

Le lendemain, la rage au cœur, je prends rendez-vous dans le centre indiqué par l'hôpital. Il nous faut attendre le mois de septembre pour être reçus.

Nous sommes en début d'été. Deux mois pour essayer de digérer la nouvelle.

Aucune aide psychologique, pas de mode d'emploi, on doit se débrouiller tout seul. Anéantis par la douleur, on arrive à se « blinder ».

LA CAMPAGNE

Les premiers mois de ta vie, nous habitons en ville. Une grande maison avec un jardin, orné d'un immense mimosa qui embaume toute la rue lors de sa floraison, un quartier très calme. Nous avons une petite maison secondaire en pleine campagne, à une demi-heure de notre résidence principale. Le dimanche, nous partons pour changer d'air. Je m'y sens très bien, vous êtes heureux, tes frères ont la liberté de jouer à travers champs, de faire du vélo sans avoir peur des voitures qui passent. Nous avons la tranquillité, la sérénité, il n'y a que trois maisons tout au plus autour de nous. La vraie campagne. Des champs de tournesols à perte de vue. Les belles Pyrénées en face de notre maison. Le matin, nous sommes réveillés par le chant des oiseaux.

Pour toi , l'air n'est pas pollué par les pots d'échappement de la ville. Les promenades sont plus faciles, oui, la vie ici me semble beaucoup plus saine pour ma petite famille. Les premières vacances d'été, passées dans cette petite maison, m'ont permis de prendre une grande décision, rester vivre à cet endroit.

Grand désespoir pour ton père qui a son travail en ville. On s'éloigne d'une vingtaine de kilomètres, on quitte une grande maison pour une petite, mais je tiens bon, on agrandira plus tard.
Je n'ai jamais regretté d'avoir pris cette décision.

TON PREMIER ETE

Nous profitons au maximum du bon air. Une liberté sans contrainte. J'essaie d'oublier la réalité de ma vie.

Je te regarde, tu dors beaucoup, je te stimule, je te parle, nous t'entourons d'amour.
Tu ne pleures pas, tu es calme, trop calme.
Mon Dieu, qu'est-ce qui nous attend ?

C'est un tourbillon dans ma tête. Je passe par des phases d'angoisse et des phases d'optimisme où je pense que ce n'est qu'une question de patience, tout va finir par s'arranger.

Nous verrons bien ! En attendant, nous faisons des joyeuses promenades, des pique-niques dans des cabanes fabriquées avec tes frères.

L'insouciance, j'apprécie tout simplement le bonheur d'être avec mes enfants.

Mais le soir avant de m'endormir, c'est tantôt l'inquiétude, tantôt l'espoir.

LE BAPTEME

A ta sortie d'hôpital, je fais le vœu de te faire baptiser en même temps que ton deuxième frère. Nous l'avons fait pour ton frère aîné à deux mois, mais pour David j'étais prise de doute. Comme je n'ai pas la même religion que ton papa, c'est un choix difficile. Donc à quatre ans, ton frère n'est toujours pas baptisé.

Je tiens ma promesse, je rencontre le prêtre du quartier pour convenir d'une date et à ma grande surprise, après avoir vérifié ton nom, il m'annonce que la cérémonie religieuse a déjà eu lieu. Je pense qu'il y a une erreur. Et bien non, c'est bien de toi qu'il s'agit. Le prêtre me montre un papier stipulant que, durant ton hospitalisation, tu as été considéré comme mort. L'équipe soignante a pris cette initiative. Peu importe la religion, l'urgence a pris le dessus.

Nous sommes tenus à l'écart, l'hôpital n'avertit pas les parents devant une telle circonstance ! `

Après un court instant, j'efface cet acte qui n'a pas été notre choix et nous repartons de zéro.

C'est à nous, tes parents qu'appartient cette décision.

L'INSTITUTION

Septembre 77

A la fin de l'été, arrive le rendez vous dans ce grand centre pour enfants handicapés. La veille de cette consultation, je ne dors pas. Une angoisse grandit en moi. Que va-t-on nous dire ? Nous nous retrouvons tous les deux dans une salle d'attente pleine d'enfants différents. La plupart d'entre eux sont plus grands que toi, tu n'as qu'un an, dans le porte bébé tu ressembles à tous les autres bébés. Je les observe dans la salle d'attente, j'ai peur, je vois bien qu'ils ne sont pas normaux. Je n'aime pas ce mot, je préfère "pas ordinaires". Oui, vous n'êtes pas des enfants ordinaires mais des enfants "extraordinaires".
Mais ça, on ne s'en aperçoit qu'après quelques années.
Je les vois se mouvoir au sol sans pouvoir se relever. Dans ma révolte contre la vie, je te regarde et je me dis, non tu ne seras pas comme eux. Tu réussiras à marcher.
Notre tour arrive, et je ne suis pas mécontente de quitter cet endroit. La consultation est rapide, deux séances de kinésithérapeutes par semaine te sont prescrites, pour que j'apprenne à te manipuler, à te porter d'une certaine façon, à t'apprendre certains mouvements qui, pour nous, sont naturels.

Nous voilà partis pour une longue route sinueuse, je

dirais même l'ascension d'une montagne et nous n'en sommes qu'aux premiers pas de notre aventure, juste le début du col.

Pour se donner du courage, sur le chemin du retour, dans la voiture, je chante. Il faut que tu comprennes que tout ira bien. Il nous faut nous accrocher pour ne pas tomber.

Ces médecins , ont-ils bien réfléchit lorsqu'ils t'ont réanimé ?

« Chaque être vivant est distinct et différent. Mais lorsque nous levons le voile de la différence nous voyons l'unité de tous les êtres ».

Svetasvatara

TA KINESITHERAPEUTE

Le rythme défini par la kiné est de deux séances par semaine. Tout en douceur et calme, elle me donne du courage et quelques exercices à faire à la maison une fois par jour. Elle m'explique qu'ils vont détendre tes muscles contractés. Je fais tout ce que l'on me dit consciencieusement en pensant fortement que ces manipulations répétées plusieurs fois dans la journée, seraient peut-être plus efficaces. J'ai insisté un jour pour avoir son avis, elle m'a répondu très gentiment :

- Madame, faites les exercices une fois par jour, mais tous les jours.

Elle a peur que je me décourage, elle, elle sait qu'il va falloir des années. Malgré ses recommandations, j'insiste pour te faire exécuter tous ces exercices au moins deux fois par jour. Les séances de rééducation à la maison se passent avec de la musique, j'essaie de les transformer en jeux, car ce n'est pas facile pour toi de supporter toutes ces mouvements. Mais tu es d'une douceur, un ange venu du ciel, un amour d'enfant. Je te le répète toujours, même aujourd'hui : « *Heureusement que l'on t'a fait* ».

TA PREMIERE CRISE D'EPILEPSIE

Tu n'as que trois ans, un soir peu après t'être endormi, je t'entends émettre des sons bizarres, incontrôlés. Je me lève d'un bond, je ne sais pas de quoi il s'agit, je te vois te raidir, avec des mouvements saccadés, les yeux révulsés et de la bave coule de ta bouche. Je crois que tu es en train de mourir !

Heureusement, le médecin est sur place : ton père. Nous avons beaucoup de chance : j'ai épousé un docteur, dans les cas d'urgence cela peut être utile !

L'effet du valium est immédiat tout rentre dans l'ordre. Tu auras ces crises- là, une fois par an durant quelques années. Maintenant, cela ne se produit plus du tout.
Ne nous plaignons pas, il y a des enfants qui en ont une, voire plusieurs par jour ! N'ayant jamais été confrontée à l'épilepsie, je panique complètement, c'est très dur de voir son enfant inconscient, et dans cet état. Lorsque je comprends qu'avec des calmants, tu redeviens apaisé au bout de quelques minutes, je suis moins affolée. Les crises d'asthme auxquelles tu es sujet, sont beaucoup plus dangereuses, plus d'une fois nous avons eu très peur. Actuellement elles sont de plus en plus rares, voir inexistantes.

Tu es comme le bon vin, plus tu prends de l'âge, plus tu progresses, moins tu deviens fragile, tu nous épates.
Mais je reste malgré tout sur le qui vive, au moindre bruit bizarre je bondis dans ta chambre, j'ai peur. Ton père est plus calme que moi, cela équilibre.

DES JOURNEES BIEN REMPLIES

La maison, la famille, ta rééducation toujours en chantant. Tes frères participent avec des rires et leurs mots d'enfants. Des moments de complicité entre toi et moi.

Je t'explique tout, je te parle tout le temps, toi pas encore. Je te lis même les recettes de cuisine, on ne sait jamais, tu peux avoir un jour la vocation d'un grand cuisinier.

Je t'initie à la musique, je joue du piano et ton sourire me dit, oui maman continue, j'aime ça. Un jour tu seras peut-être un grand pianiste. J'ai choisi le prénom de Yoann en pensant aux valses de Strauss. Je me répète, mais j'aimerais tellement que tu puisses en jouer.

Grâce à une rééducation régulière, tes mains se sont petit à petit ouvertes et elles sont très grandes. Oui, tu as des mains de pianiste.

Nous verrons plus tard pour ton avenir professionnel, nous n'en sommes pas encore là. « Un souci après l'autre ». Tes frères apprennent à lire, toi à fermer ta bouche pour ne plus baver. Avant chaque repas, je te prends sur mes genoux, j'entoure ta tête de mon bras et de l'autre, je te masse les gencives pour te faire comprendre comment avaler ta salive. Quelques années de patience suffirent pour arriver au but fixé.

Maintenant, tu peux redresser ta tête, fermer ta bouche, tu avales ta salive, tu commences à ouvrir une main plus facilement que l'autre, le côté gauche est beaucoup moins crispé. Mais il faudra encore beaucoup de temps pour que tu puisses attraper, seul, une cuillère garnie au bord de ton assiette, la porter correctement à ta bouche sans rien faire tomber, et la reposer afin que je te la remplisse à nouveau. Un travail de Titan mais nous y sommes arrivés.

Quelle fierté au restaurant quand, d'un geste discret, je te caresse le dos de la main, tu comprends que ta cuillère est pleine. Je n'ai pas réussi à te faire prendre les aliments tout seul. Qu'importe, tu as gagné un peu d'indépendance. Je lis dans le regard des autres, que tes progrès ne leur paraissent pas aussi extraordinaires que ce que je le dis. Mais tout les deux, nous savons que nous avons bravé l'impossible.

L'ECOLE MATERNELLE

Tu as 4 ans, à la maison j'essaie de remplacer la maîtresse. Mais rien ne vaut une vraie classe, avec des enfants. Me voilà en quête d'une école maternelle qui veuille bien t'accepter, ne serait-ce qu'une heure par jour, pour que tu aies un contact avec d'autres enfants. Je me propose de rester dans une salle à côté.

Quelles illusions ! Personne, personne ne veut prendre cette responsabilité. Même cette école dans laquelle j'avais tant d'espoir.

Peut-être que les gens ont peur. Le handicap n'est pas une maladie contagieuse ! Qui sait, un enfant pas comme les autres, différent, suscite trop de questions délicates auxquelles les enseignants ne peuvent pas répondre.

Moi, au contraire, je te présente comme un enfant qui a un "plus" par rapport aux autres, tu as l'originalité de ne pas te conformer à l'image que l'on se fait de la normalité.

Mais où est la normalité ?

Je t'ai confectionné un petit siège en bois, formé de trois planches, deux forment un angle, la troisième sert de siège avec un plot au milieu pour permettre à tes jambes de rester écartées. Tes contractures sont tellement importantes que tu resserres naturellement tes jambes jusqu'à les croiser.

C'est l'institution qui m'a mis cela en tête. Je demande

juste à te poser sur un banc d'école au milieu d'autres petits. Après plusieurs recherches d'établissements pouvant t'accueillir, j'ai fini par trouver une petite école privée tenue par des religieuses.
La directrice veut bien faire un essai. Quelle joie pour moi. Le lendemain de cette entrevue, je te prépare, je choisis ton plus beau tablier. A l'époque, il y a 30 ans, les enfants portaient des tabliers pour aller à l'école.
Te voilà prêt, je t'explique tout, même si tu ne me regardes pas, si tu ne me réponds pas, moi je sais que tu comprends tout.

- Yoann, tu peux aller à l'école comme tes frères, pour une heure seulement, après on verra. Je serai dans une salle à côté, tu vas voir, je sais que tout va bien se passer.

Je t'installe sur ce fameux petit siège en bois que je transporte d'ailleurs très facilement, tu n'es pas encore trop lourd. Nous arrivons après l'heure de la récréation, sur les recommandations de la directrice. Tu aurais pu faire ton entrée comme un artiste au milieu d'une salle comble. Non, on veut bien de toi mais à condition que tu passes surtout inaperçu !
Je n'ai même pas la chance de te placer moi-même sur le banc. La directrice te prend et me prie d'attendre dans une salle proche.

J'aimerais être une mouche pour connaître ta réaction, et, les autres enfants, comment te regardent-ils ? Je ne le saurais jamais, l'expérience fut tellement courte, une heure à peine.

Personne n'a cherché à comprendre ce que tu pouvais apporter comme richesse justement avec ta différence. La directrice, tête baissée, très mal à l'aise (pourtant une religieuse qui se doit de ne pas faire souffrir son prochain) me dit gravement :

- Impossible de le garder, la maîtresse ne se sent pas le courage d'affronter le handicap.

Nouvelle déception. Nous ressortons de cette école, encore une fois, moi en pleurs, toi, souriant bien sûr. Pourvu que tu sois avec maman, c'est l'essentiel. En fait, je cherche absolument à te faire prendre le même chemin que la majorité des enfants, mais il en est décidé autrement, et je vais devoir l'accepter. Je continue donc à la maison à te faire un petit peu d'école. J'assume tous les rôles, maman, maîtresse, kinésithérapeute et, je me résous lorsque tu as cinq ans à te mettre dans une institution, la meilleure de la région, à la pointe des progrès, avec des enfants comme toi, non conformes au moule traditionnel.

Un taxi vient te chercher à 9 heures le matin, et tu reviens à 17 heures. La première journée sans toi, je me retrouve complètement démunie, comme le premier jour d'école maternelle de tes frères. Une boule au ventre, et les sanglots prêts à sortir. Il faut s'y faire, les enfants ne sont pas faits pour demeurer tout le temps avec nous. Je ne sais pas encore, que toi, tu resteras toujours auprès de moi.

Tu t'habitues assez vite à ta nouvelle vie, tes journées se passent entre la kiné, l'orthophoniste, la vie en communauté, les semblants d'activités manuelles, les changes. L'apprentissage de la propreté reste vain, malgré tous les efforts que tu fais. Non, ton cerveau ne commande pas tes sphincters. A heures précises, nous réussissons quelquefois à t'emmener aux toilettes au moment nécessaire, mais ce n'est pas toi qui le demandes. D'ailleurs tu ne parles pas encore.

LA FRATRIE

Souvent, un rêve me revient : mes trois garçons, les deux plus grands te tiennent les mains, ils t'apprennent à jouer au ballon.

Tes frères ne m'expriment jamais leur sentiment sur ton handicap, ils se rendent compte peu à peu de ta différence. Ils s'en accommodent. Je ne pense pas qu'ils souffrent, mais dans le fond, je n'en suis pas si sûre. Ils n'ont que treize mois de différence, comme des jumeaux ils sont soudés l'un à l'autre dans leurs jeux, leurs confidences. Ils ont été plus forts à deux. Je suis occupée avec toi plusieurs fois par jour, mais ils savent combler ce vide par leur complicité. Ils ne sont pas exigeants, ils comprennent très tôt que je ne peux pas faire autrement que de te donner le maximum pour que tu t'en sortes !

Leur rapprochement les a beaucoup aidés. Le plus dur pour eux aussi, je pense, est l'occasion de leur anniversaire. Invitation de copains et copines, il faut affronter le regard des autres du petit frère.
Pour moi aussi, voir tous ces enfants courir, rire, aller dans tous les sens, et toi qui ne bouges pas dans ta poussette à 5 ans.
Il me tarde que l'on se retrouve entre nous.

LE DIAGNOSTIC

Les journées me paraissent interminables. J'ai une très grande chance d'avoir la musique, le dessin, des passions qui m'aident à surmonter les difficultés de la vie. Je me console en me disant que tu es avec des spécialistes beaucoup plus compétents que moi pour te faire progresser. A 17 heures, la maison revit. Tes frères arrivent en courant de l'école pour me raconter leur journée. Ils ont des devoirs à faire, toi, tu n'as pas ce tracas. Tu ne parles pas, des sons, des mots sortent de ta bouche que moi seule arrive à comprendre. Pour l'instant, je bavarde pour deux, j'ai dû souvent te « saouler ». Tes frères aussi font comme moi, les questions et réponses, ils les expriment pour toi.

Pour le moment, tes études ne sont pas ma préoccupation. Tu ne pleures pas pour faire les devoirs. Tes frères trouvent que tu as beaucoup de chance.

Tout ce qui est naturel chez eux, marcher, parler, manger, chez toi devient un véritable challenge. Chaque petit progrès acquis mérite la médaille olympique.

Ayant toujours beaucoup d'espoir, (c'est mon naturel optimiste), je demande un rendez-vous avec un médecin de l'institution pour faire le point sur ton évolution.

Nous sommes assis tous les trois avec papa devant ce grand bureau, quand un jeune médecin arrive, sûr de lui. Toute confiante, je lui demande ce qu'il préconise pour améliorer ton état. Sa réponse fut insupportable.

Ces paroles resteront à jamais gravées dans ma tête. Ma

tête a failli exploser.
Papa ne dit rien. Silence, nous avons tous les deux le cœur brisé. J'ai l'esprit vide. Le ciel nous tombe sur la tête.
J'étais venue avec l'espérance d'entendre quelques phrases encourageantes. Nous savons tous les deux que le combat va être dur, mais tout se mérite. Et les miracles, cela existe aussi.

- Madame, votre fils ne parlera jamais.

Et pour nous enfoncer davantage dans un trou noir,

- Il ne marchera jamais, il est débile profond.

Me voyant dans un état de torpeur, anéantie par la douleur, il me conseille de t'abandonner pour ne pas trop souffrir. Sur le moment je n'ai pas pu réagir. Je repars habitée d'un mal être et en même temps d'une révolte grandissante au fond de moi.
La nuit qui suit est blanche, entrecoupée de pleurs et de réflexions. Le lendemain, une force me pousse.

« JE NE VEUX PAS CROIRE CE QUE L'ON VEUT ME FAIRE CROIRE »

Jamais je ne t'abandonnerai, je vais faire tout pour te rendre heureux et je suis persuadée que des progrès sont possibles.

Dans ma colère, dès le lendemain, je retourne dans ce centre dit « spécialisé ». Je laisse éclater mon indignation, l'équipe qui s'occupe de toi me laisse parler, il faut évacuer ma colère et ma souffrance. Déterminée je leur dit :

- Si vous ne croyez pas à l'évolution de mon fils, alors vos institutions n'ont pas lieu d'exister.

Je ne peux pas n'empêcher de penser que les médecins qui ont tout fait pour te sauver les premiers jours de ta vie, n'ont plus rien à nous proposer. Il faut se que débrouiller seul. C'est un peu trop facile de vouloir sauver des vies en sachant très bien qu'il y aura peut-être de grosses séquelles. On ne nous a même pas demandé notre avis. Des vies entières complètement bouleversées par un handicap, cela ne les concerne plus.

Les jours et mois qui ont suivi, nous continuons à nous battre, toi et moi. Tu as su te faire une place dans cet établissement, te faire aimer par tes éducatrices. Moi, j'adhère à l'association de parents en place pour pouvoir vous défendre auprès de la direction. Je m'investis très vite à fond, tête baissée.

Je me retrouve présidente du conseil de maison, avec un projet qui me tient à cœur pour des enfants comme toi : la musicothérapie ! Ce ne fut pas sans mal, dossier à monter, rencontres avec des professionnels qui exercent cette méthode de relaxation. Après plusieurs mois d'investissement, j'ai réussi à démontrer les bienfaits de cette thérapie. Le directeur du centre est d'accord pour faire suivre une formation à certaines éducatrices du centre qui le souhaitent.

La musicothérapie est devenue une activité régulière. Première petite victoire, je suis loin de m'imaginer qu'il y en a bien d'autres à obtenir.

Je souhaite aussi un petit centre équestre sur place pour vous faire faire des promenades, le contact avec les animaux est très important. Mais il ne faut pas trop rêver !
Les résultats que nous avons obtenus avec toi en te faisant monter sur un poney tous les samedis, aboutissent à une activité équestre à l'extérieur pour certains d'entre vous. C'est toujours ça ! Pour cette activité, il faut s'y rendre le samedi matin avant l'arrivée des autres enfants ! Encore une fois, on est d'accord pour t'accorder une heure de poney mais surtout, tant qu'il n'y a personne. Qu'importe ! Après tout c'est avant tout pour toi, l'intégration au milieu des autres, nous verrons plus tard. On ne peut pas gérer tout en même temps.

Ce centre équestre se situe pas très loin de chez nous. Nous y allons plusieurs samedis de suite. Peu à peu, tu prends confiance, papa d'un côté, moi de l'autre et nous partons pour quelques tours de manège. C'est ta première activité sportive.
Une fois par an, nous invitons les enfants qui sont au centre dans ton groupe pour une journée à la campagne, même les poneys du village nous rejoignent pour vous balader.

TES PREMIERS MOTS

J'ai pris l'habitude de tout t'expliquer, même les recettes de cuisine, la météo, les infos, de te parler, comme je l'ai toujours fait avec tous mes enfants, c'est ce qui t'a permis de dire tes premiers mots.

- Maman
- Peta « traduction » : le livre.

Peu à peu, ton vocabulaire s'enrichit, bien sûr nous n'avons pas de grandes conversations. Tu répètes très souvent la même chose.

Mais tu parles, toi qui ne devais pas parler !

Le moindre mot nouveau est pour moi comme un diplôme de HEC. Tu n'arrives à en dire que deux à la suite. J'ai compris plus tard pourquoi tu n'arrivais pas à faire des phrases entières. C'est un effort énorme pour toi, le souffle souvent te manque pour continuer. Les crampes dues à ta spasticité te bloquent. Ta respiration est courte. Tout cela va s'arranger par la suite.

Tu as une oreille formidable. D'ailleurs, tu nous as bien leurrés les premières années car le moindre bruit, tu le reconnaissais. Moi je croyais que tu voyais ce que je te montrais. Souvent, tes yeux sont tournés vers le ciel.
Mais que vois-tu là haut ?
Les visites pour ta vue, tous les trois mois dans un grand

CHU, ne m'ont jamais inquiétée. On te faisait suivre des objets, tout paraissait normal. Jusqu'au jour où, en essayant de te montrer des images d'un peu trop près, tu n'as aucune réaction. J'ai fait semblant avec la main de l'approcher vivement, rien, tu ne sourcilles même pas.
Je suis affolée, tu ne vois donc pas ? Mais ce n'est pas possible, on me l'aurait dit.
Rendez-vous tous azimuts, au CHU, puis au centre spécialisé. Il m'a fallu du temps pour comprendre que ton cerveau n'analyse pas les images. La seule fonction qui paraît intacte est le réflexe pupillaire : dilatation et rétractation à la lumière vive. Tu ne commandes ta vue que par moment. Le reste du temps, tu t'échappes. Ton regard est tourné vers le ciel, tu ne me vois pas. Tu vas toujours vers la lumière, surtout celle du soleil.
Il a fallu encore une fois que ce soit moi qui découvre la vérité ! Personne n'a été capable de m'expliquer clairement la situation :

- Tout va bien, madame, revenez le mois prochain.

Décidément, cette phrase, je l'aurais entendue bien souvent ! Je me suis raisonnée en me disant que tu ne sélectionnes que ce que tu as envie de voir. Dans le fond, c'est peut-être une chance, tu te crées ton univers, tu ne regardes que ce qui te plaît. Je réalise aussi que tu ne liras jamais, tes oreilles deviennent tes yeux, tu entends le moindre chuchotement.
Les fleurs, les paysages, la beauté de la nature que j'aime tant, tu ne la verras qu'à travers mes descriptions. Mais l'odorat, et l'ouïe vont se développer à vitesse grand V. Tes livres de lecture sont des CD raconté par Marlène Jobert, Fernandel et bien d'autres.

« Quand je t'ai mis au monde
Je ne savais pas que j'allais avoir un enfant différent,
J'aurai le privilège de t'embrasser chaque fois que j'en aurai envie.
Pourtant je donnerai ma vie pour que tu sois comme les autres.
On dit que les enfants ne nous appartiennent pas.
Mais toi, tu seras toujours mon petit ».

Linda Lemay

TA PREMIERE OPERATION

Revenons un peu en arrière, tu n'as que 3 ans, il faut te faire une neurotomie bilatérale des nerfs. Mot savant, une intervention, pour t'empêcher de croiser tes jambes. Tu es tellement contracté que malgré toi, instinctivement, tu réunis tes deux jambes l'une sur l'autre. Nous allons vivre la première épreuve de l'hospitalisation, loin de la maison. Je te fais imaginer que nous allons à l'hôtel tous les deux, on va se faire servir, on sera comme deux amoureux. Nous emportons avec nous le doux roucoulement de tes tourterelles. A l'aide d'une cassette, tu retrouves les bruits de la maison. Cela t'apaise. Le stress est moins grand. La première fois, tu ne sais pas ce qui t'attend.

La deuxième intervention, ce sera trois ans après, dérotation fémorale bilatérale. Les hanches, ce fut beaucoup plus long. Un mois de clinique, plâtré des chevilles jusqu'à la taille. D'abord un côté, puis, un mois après, le suivant.

Au bout de deux ans, ce fut : ténotomie des adducteurs, quelque temps après allongement des adducteurs et ostéotomie. Je ne compte plus le nombre d'interventions, jusqu'au jour où j'ai dit STOP.

On veut sectionner tes nerfs car à nouveau tu resserres tes jambes, mais je vois bien que cela ne sert à rien, j'ai décidé d'attendre que tu finisses ta croissance pour faire quelque chose de définitif.

Le chirurgien, qui de plus est un ami, m'a culpabilisée, en me disant :

- Si tu attends trop, je ne pourrais plus rien faire pour lui, ce sera trop tard !

Moi je suis convaincue qu'il est inutile de te faire souffrir pour recommencer encore une fois quand tu auras fini de grandir.

- Et bien oui, je prends mes responsabilités. Quand Yoann aura 16 ans nous verrons à ce moment- là.

Sa réponse me fait douter de mes convictions :

- Ne viens pas pleurer si je ne peux plus l'opérer.

La décision doit m'appartenir, pourtant ce sont eux les spécialistes ! Je prends le risque de ne pas te faire opérer. Ton père, n'osant pas me contredire, vu ma souffrance, me laisse libre. Lorsque que tu as eu 16 ans, nous n'avons plus le choix. Tu recommences à croiser de plus en plus tes jambes et la toilette devient très difficile.

Malgré les doutes du chirurgien pour cette intervention très tardive, c'est un succès, une réussite totale, ils t'ont même pris en photo pour une revue médicale. Tu deviens une star.

Toutes ces hospitalisations, souvent pour de très longues durées, sont de très lourdes épreuves. Je suis tiraillée entre ne pas te laisser tout seul et la vie de la maison avec tes frères. La séparation d'un côté ou de l'autre est difficile à supporter. Vivre en vase clos, dans une chambre d'hôpital, coupée du monde extérieur, te voir souffrir. Je n'en peux plus, j'étouffe.

Des amies, de temps en temps viennent me relayer. D'autres m'invitent à manger au petit resto d'à côté, pour respirer un peu de liberté !
Ces années-là sont de mauvais souvenirs. Je ne peux plus te voir souffrir. Trop, c'est trop !
Je décide de suivre mon instinct de maman, mes convictions. Après tout je t'ai donné la vie, j'en suis responsable pour les décisions graves.
Avec ton père, les réactions ne sont pas les mêmes, du fait de sa profession, il est parfois très mal placé, il doute de mon choix. Mais nous avons confiance en l'avenir. Je suis tellement brisé par tous ces chaos de la vie, qu'il n'ose en rajouter.
Ce qui prime avant tout, c'est de rester unis, nous avons besoin l'un de l'autre pour concilier notre vie affective auprès de nos enfants et notre vie de couple.

Communiquer la confiance que l'on a pour cet enfant différent, croire en lui et en ses capacités, c'est là ou commence l'acceptation du handicap

LOURDES

Tu as environ 7 ans. Une amie me propose de nous accompagner jusqu'à Lourdes, qui sait ? Les miracles, cela existe, pourquoi pas toi ?

Nous partons un beau matin d'octobre, le cœur plein d'espoir. Nous arrivons dans un parc immense, tout est très calme, nous sommes les seuls. Tu es ravi de faire une belle promenade, devant la grotte de la Vierge, j'allume un cierge, après l'avoir mis bien en avant, isolé des autres, nous allons nous asseoir sur un banc et nous prions, comme nous pouvons, je n'ai jamais appris, de plus ce n'est pas ma religion, mais c'est le même Dieu, alors si les paroles ne sont pas exactement les mêmes, la croyance est là, je sais que, malgré toutes ces épreuves, nous sommes protégés.

Nous baissons la tête pour nous recueillir. Au bout de quelques minutes, nous ouvrons les yeux et, à notre grande stupéfaction, le cierge mis pour toi a disparu. Nous regardons autour de nous, sans comprendre, personne, c'est peut-être un signe. L'émotion passée, nous t'emmenons dans les bains, il parait que cela renforce les vœux de guérison. Une religieuse nous reçoit, il faut te déshabiller pour te tremper dans un bassin d'eau froide. Tu n'as pas attrapé mal, il faut croire que dans un lieu comme celui -là, même si les miracles sont rares, du moins n'en revient-on pas malade.

Nous repartons apaisés, mais je te pousse toujours dans ta poussette, tu as 7 ans, et tu ne marches pas !
Le miracle est passé à côté. Ce n'est pas pour nous.

Les magnétiseurs aussi ont fait partie de mes illusions, toi qui as un sixième sens, tu devais bien savoir que c'était vain. Mais quelques heures de rêve ne font jamais de mal à personne. Croire, ne pas croire, tous ces espoirs qui nous donnent du baume au cœur pendant un certain temps, et qui fondent au soleil comme neige au printemps. Le rêve a toujours fait partie de ma vie.

LA FAMILLE S'AGRANDIT

Après le voyage à Lourdes, le miracle ne s'est pas produit pour toi, mais moi, j'ai dû capter quelques ondes positives. Je rêve d'un autre enfant, sans souffrance. Un enfant qui s'élève tout seul comme dans les livres. Qui appelle maman, qui sourit en me voyant, qui me serre dans ses petits bras en me disant je t'aime, qui court sur ses deux jambes.

Tu vas bientôt avoir une petite sœur. Nous l'attendons tous avec impatience. Il ne m'est jamais venu à l'esprit que ce bébé serait prématuré. Non, avec mon naturel optimisme, cela ne peut pas se reproduire deux fois.

Depuis que tu vas au centre la journée et tes frères à l'école, moralement, le fait d'attendre cette nouvelle naissance me redonne du courage et de l'énergie. Je ne ressens pas de fatigue. Je peux te porter très facilement, tu n'es pas encore trop lourd.

La naissance du quatrième garçon survient et oui, la petite sœur sera pour une autre fois.

Pas une seule fois, je n'ai craint un autre enfant handicapé. C'est impossible !

AVRIL 1983, nous avons quatre garçons.

Tout se passe normalement, un beau bébé, sans complications, il me donne la force de croire, de lutter pour toi en retrouvant une sérénité.

La joie, le bonheur de ce bébé né à terme sans aucun problème ne dure pas. La perte accidentelle de ton petit frère à deux ans me plonge dans un gouffre béant, mon cœur est en lambeaux. Je n'arrive pas encore à en parler. Un grand vide s'installe, je sombre dans le néant. Le sort s'acharne sur nous.

Une douleur indescriptible, les mots impuissants. On m'enlève un enfant en pleine santé, on me laisse avec toi et toutes tes difficultés. Je ne vis plus, je survis, les amies se relayent durant les premiers mois pour essayer de me faire manger. Je n'ai plus aucune envie.

Les courses dans les supermarchés me font horreur. Je ne peux plus entendre un enfant pleurer. Quand cela se produit, je laisse le chariot plein de courses au milieu du magasin et je repars en courant.
Je tente de ne pas transmettre trop de tristesse à la maison.

De cette période noire, beaucoup de choses se sont effacées de mon esprit. Je me cache pour pleurer, je "fais semblant" devant tes frères. Ils ont assez de peine eux-mêmes. Ils ont l'habitude d'avoir une maman très gaie, qui danse et chante très souvent. Mais devant toi, je ne me retiens pas, je sanglote, je me relâche. Et un jour, tu me fais sortir de ma torpeur. Je t'entends me dire :

- Moi, je suis là!

Tu me fais une véritable piqûre de rappel à la vie, bien sûr, vous avez tous besoin de moi, je n'ai pas le droit de me laisser aller. Je te prends dans mes bras, je te serre très fort, je te promets de redevenir comme auparavant.

Je me suis souvent demandé pourquoi il me faut endurer tant d'épreuves !

« La force ne vient pas des capacités physiques.
Elle vient d'une volonté invincible ».

Gandhi

LE FAUTEUIL ROULANT

Jusqu'à l'âge de 10 ans, nous optons pour une poussette-canne, malgré les nombreuses réflexions que nous entendons :

- A son âge, il ne marche pas encore, il est dans une poussette (sous-entendu, quel fainéant) !

La bêtise humaine peut faire très mal. Non seulement nous devons affronter le regard des autres, mais en plus leurs remarques. Les premières années, j'en suis très affectée. Lorsque que l'on se promène et que l'on pose sur toi un regard douteux, je fixe les personnes de toutes mes forces afin que l'inverse se produise : ils sont gênés, pas nous. Heureusement, tu as ce don de pouvoir sélectionner, de ne voir que les belles choses de la vie.
Je te décris tout, les couleurs, les formes, le moindre petit événement de la rue pour que tu n'en perdes pas une miette. J'évite bien entendu tout ce qui pourrait te blesser, je filtre, je suis ta secrétaire privée, je ne te dis que ce qui me semble le plus important.

Arrive le moment redoutable où tu ne rentres plus dans cette poussette-canne. Tu grandis, il faut me résoudre à prendre un fauteuil roulant.
C'est une épreuve difficile. Il n'y aura plus aucune ambiguïté.

Plus personne n'osera me dire :

- Il ne marche pas encore.

Si, pour moi, le passage au fauteuil est très dur, pour toi, ce fut le contraire, tu as gagné en indépendance. Très vite, tu apprends à t'en servir. A l'aide de tes mains, tu vas d'un endroit à l'autre comme bon te semble. Tes mains que tu avais crispées, ont réussi à s'ouvrir après maints exercices et massages quotidiens.

Ce fauteuil est devenu tes jambes, ta liberté. Vu sous cet angle, il devient un peu plus acceptable.

LE BAISER

Il faut des années avant que tu puisses fermer la bouche, avancer les lèvres pour arriver à me faire un baiser.

- Yoann souffle comme le vent !
- Yoann siffle comme l'oiseau !

Chaque anniversaire, nous essayons tous ensemble de te dire de souffler tes bougies, il y en a toujours un pour le faire à ta place, mais on t'applaudit comme si c'était toi et tu en es ravi. A force d'imiter le vent, à force de massages à l'intérieur de ta bouche pour apprendre à resserrer les lèvres, à force de patience et d'amour, tu peux maintenant, lorsque je me rapproche de ta joue, me donner un baiser.

Un simple baiser, c'est ta façon de nous dire je t'aime avec les moyens que tu as ! Il faut te solliciter pour ce faire, mais tu t'exécutes et j'en suis heureuse. Cela paraît si simple pour les autres, moi je sais qu'il a fallu beaucoup d'efforts pour que cela devienne naturel. Le premier baiser, comparable à celui que l'on attend lorsque l'on est amoureuse. Là, c'est mon amour de mère qui le reçoit. Un grand émoi, suivi d'un trouble, d'un bonheur quand tu as réussi pour la première fois à m'embrasser.

Il faut avoir beaucoup d'imagination pour te faire réaliser certaines choses. Nous ne manquons pas d'idées.

LA LEÇON

Une amie me dit un jour :

- Viens avec moi, je dois rendre visite à une famille nombreuse, j'ai besoin que tu m'accompagnes. Nous partons toutes les deux, dans un quartier assez pauvre. Nous nous garons devant un grand immeuble HLM. Nous montons deux étages et je ne comprends toujours pas pourquoi je suis là. Nous sommes accueillies chaleureusement. Très vite, la démarche de mon amie me saute aux yeux. Je me retrouve assise, entourée de plusieurs enfants. Cinq enfants avec chacun un handicap différent. Tous ont été adoptés par cette famille. Je reste sans voix devant tant de courage, j'admire ces parents, ils semblent tous très heureux. Quelle leçon de vie, je n'ai plus le droit de me plaindre, façon de parler car je ne me plains jamais.

Toi, tu es mon fils, mais cette famille a fait le choix d'adopter des enfants différents. C'est avec encore plus de force et de conviction que nous nous battrons !

Dans la vie, il y a des rencontres importantes survenant au moment voulu. Des gens qui guident nos pensées, qui nous ouvrent des portes au moment opportun.

« Respecter ceux qui sont différents de nous élargit notre cercle de compréhension et de connaissance ».

Jean Gastaldi

TA SOEUR CHERIE

Mars 1986

Oui, je te l'ai promis, une petite sœur. Elle n'était pas prête pour venir plus tôt dans notre maison. Nous avons bien besoin d'un grand rayon de soleil. La vie de ce côté nous a gâtés. Après quatre garçons, enfin une fille.

Dans le contexte, c'est une véritable princesse pour ces frères et pour toi, elle est très vite ta sœur chérie ! La maison est remplie à nouveau d'espérance.

Elle commence à grandir, j'ai quelques difficultés à lui expliquer qu'il faut que je t'aide pour manger, quand elle est à l'âge de le faire toute seule. Difficile pour elle d'admettre qu'elle peut se débrouiller toute seule. La propreté aussi est une étape très sensible. Toi, on continue à te mettre des couches, elle, on essaye de ne plus en mettre. Tous ces apprentissages naturels pour les autres enfants deviennent, pour elle, sujets à questionnements.

Elle comprend très vite que tu n'es pas comme ses autres frères, elle te voue une affection très forte, elle t'aide dès qu'elle le peut. Plus tard, en grandissant, tu lui as permis d'accepter les autres tels qu'ils sont, avec leurs différences.

Tes grands frères ne m'ont jamais fait ressentir ton handicap. Ils vivent avec, naturellement. Par terre tu es, par terre ils se mettent pour jouer aux cartes avec toi,

comme un vrai partenaire ! Tout devient simple, ils réalisent souvent les deux rôles, cela te fait rire.
Leurs copains ne posent pas de questions, ils te font participer à leur ballade, même en moto. Tant que tu n'es pas trop grand ni trop lourd, c'est possible.
Tu adores aussi les balades en montagne. Sur le dos de ton père, nous franchissons les chemins de forêts, aidés quelques fois par des amis qui prennent le relais pour te porter. Ce fut possible jusqu'à tes quatorze ans. Après, nous avons fait d'autres choses.

LE PATTERNING

Janvier 1987

Un jour, je reçois dans la boîte aux lettres une demande d'aide de soutien pour une nouvelle méthode américaine pratiquée sur des enfants handicapés. Une réunion d'informations doit se tenir au domicile d'une famille d'un village voisin afin de nous expliquer en quoi elle consiste.

Ces parents viennent d'être frappés par un drame. Leur petit garçon alors âgé de 4 ans a avalé une châtaigne et s'est étouffé. Les secours sont arrivés trop tard et son cerveau a été très lésé.

Une famille anéantie comme on peut l'être après avoir vu son enfant courir, rire, parler, évoluer normalement et tout à coup plus rien, une loque, aucune réaction, la seule chose qui lui reste, la vie ! Mais quelle vie l'attend ? Ils se sont mis à chercher toute les solutions possibles pour leur enfant. C'est ainsi qu'ils ont découvert la méthode de Glenn Doman.

Ce psychothérapeute américain l'a mise en place dès 1950. Etablie après un constat d'échec avec les moyens de rééducation classique, elle propose d'éveiller le cerveau.

Bien entendu, les cellules endommagées ne peuvent pas être reconstituées. Mais nous possédons un nombre impressionnant de cellules cérébrales inemployées.

Tout comme toi, ce petit garçon a eu une mauvaise

oxygénation du cerveau qui a été gravement endommagé lors de son accident. Les commandes naturelles ne fonctionnent plus. Cette thérapie fait naître un grand espoir. Elle consiste à tenter de réactiver les cellules restées intactes, ou tenter de recréer de nouvelles connexions entre les cellules. Son principe est donc le suivant : amener de façon intensive des informations au cerveau par les voies sensorielles : la vue, l'ouïe, l'audition….. Elle est basée sur la répétition de gestes basiques pour réapprendre à ramper, respirer, parler, regarder, mastiquer, tout ce qui s'acquiert facilement dès notre naissance dans la majorité des cas.

Lors de cette réunion, un coin de ciel bleu s'ouvre à moi. Je dois essayer. Une équipe formée par Glenn Doman se déplace deux fois par an en France. Une grande chance pour nous, cela se passe tout près de Toulouse.

Toujours croire en tes capacités, ne pas baisser les bras. Te donner cette motivation.

Cette méthode demande d'une part, un gros financement pour payer les thérapeutes qui viennent évaluer les enfants, et donner aux parents un programme d'exercices, d'autre part, de trouver un grand nombre de personnes pour nous aider. Tous les jours de la semaine sans rupture, vacances comprises, nous devons l'appliquer. L'aspect le plus positif, au début est de répondre au besoin de tout essayer pour toi. C'est un véritable chamboulement de vie pour toute la famille.

Patience, volonté et beaucoup d'amour, voilà les ingrédients pour l'entreprendre. J'ai tout de suite été convaincue, il faut au moins essayer. Une grande aventure commence. Petit déjà, je t'ai fait faire le double des exercices prescrits, persuadée que la répétition des gestes te ferait avancer plus vite.

Mon seul regret, c'est de ne pas l'avoir connue beaucoup plus tôt. On ne peut faire marche arrière, il faut aller toujours de l'avant, je dois conserver mon enthousiasme pour convaincre tout l'entourage de se lancer dans une telle expérience.

LE GRAND ESPOIR !

Recréer les connexions dans ton cerveau, voilà mon objectif. Une partie des cellules de ton cerveau a été détruite, à cause de ta naissance prématurée. C'est en me répétant plusieurs fois cette phrase « pouvoir remettre en place certains circuits » que, tête baissée, je fonce.
Premier rendez-vous avec l'équipe américaine.

Printemps1987

L'accueil est chaleureux, nous sommes entourés d'enfants plus petits que toi. Plus handicapés ou moins, peu importe ! Entourés de leurs parents qui ont dans leurs yeux, tous, la même lueur d'espoir. Tu es déjà grand, plus on est jeune et plus grande est la chance de réussir. Après t'avoir observé, l'équipe a jugé bon de s'occuper d'abord de ta vue. Tu n'analyses pas les images, tu n'as qu'un réflexe de pupille à la lumière vive.

Nous repartons avec une charge de travail impressionnante. C'est avec une grande envie de réussir que nous allons mettre en application les séries d'exercices qui te sont prescrites. Tout un programme est à mettre en place, 7 heures de travail par jour avec toi. C'est énorme, je me pose mille questions, je sais au fond de moi qu'il faut tenter, on ne sait jamais.
On me dirait d'aller au bout du monde pour améliorer ton état, je le ferais !

Grande concertation familiale, c'est toute notre vie qui

va être bouleversée. Le soutien de tous devient indispensable. Nous demandons à tes frères qui ont 14 et 15 ans, s'ils veulent bien nous aider. C'est un chamboulement total de notre vie de famille, de notre mode de vie, de leurs habitudes. Ils n'ont pas pris le temps de réfléchir, leur réponse est immédiate :

- Oui, nous sommes prêts à aider notre petit frère.

Cela veut dire, se lever plus tôt et avant de prendre le car pour le collège faire une première séance. Le soir de nouveau recommencer, le samedi, pendant les vacances. Pas de dimanche pour souffler ! Nous sommes prêts à l'unanimité pour tout essayer !

L'entreprise se met en marche. J'appelle à l'aide. Nous nous apercevons très vite que nous ne sommes pas seuls. Un réseau de bonnes volontés, familiales, amicales, voisins, connaissances se crée. Une vraie toile d'araignée qui se tisse autour de Yoann.

Comme je ne veux pas supprimer ta vie au Centre avec tes copains, j'obtiens des aménagements d'horaires de taxi. Je réussi même à avoir de l'aide de la part du médecin qui avait porté un si mauvais pronostic pour toi. Je réussi à le convaincre de mettre en place une série d'exercices durant le temps où tu es à l'institution.

La vie se charge de faire évoluer positivement et pas à pas des avis parfois très défavorables.

Avec ce médecin, nôtre but est le même : te faire progresser, je l'ai convaincu de prendre le meilleur de chaque méthode. C'est aussi enrichissant pour lui en tant que professionnel exerçant dans un centre spécialisé, que pour nous, qui sommes au cœur du problème.

Intelligent, il finit par accepter. Autant j'ai pu le détester lors de notre première visite avec toi il y a quelques années, autant je l'apprécie au fil des années.
Chaque séance de patterning nécessite 5 personnes : mouvements coordonnés en rythme pendant cinq minutes, bras, jambes, tête afin de recréer le ramper dissocié, naturel les premiers mois de notre vie. La suite de la séance se poursuit avec une seule personne.
Pendant une heure se déroulent des mouvements au sol, des respirations contrôlées sous un masque afin de développer ta cage thoracique, et c'est ainsi que, petit à petit, tu ne fais presque plus de crises d'asthme et tes nuits commencent à devenir sereines.

Depuis ta naissance, il y a maintenant 10 ans, nous n'avons plus eu une nuit entière de sommeil. De temps en temps, un de tes frères prend le relais.
Nos efforts commencent à porter leurs fruits. Ta parole s'améliore de jour en jour, les diverses personnes qui viennent nous aider dans la semaine te parlent de manière différente. C'est une véritable entreprise de 70 bénévoles ! Ils ont tous répondu à notre appel, et cela durant quatre années ! La solidarité, existe, je leur en suis très reconnaissante. Ils t'ont aidé à faire des progrès dans plusieurs domaines. Ainsi se passaient les stimulations visuelles : dans une pièce éclairée par un néon spécial, tu devais reconnaître des images que l'on te montrait. Au départ, il ne fallait qu'allumer et éteindre plusieurs fois l'interrupteur, dans une petite pièce pour que la lumière soit plus forte.
Ensuite, j'ai dû faire 300 dessins différents pour que tu aies une variété de connaissances, chaque séance de stimulation visuelle durait 5 minutes. Venaient ensuite des fiches d'histoire, de géographie, le tout entrecoupé de

séries d'exercices physiques pour te faire progresser d'un certain nombre de mètres chaque jour à quatre pattes. Des escaliers à monter, moi accroupie derrière toi te guidant, une jambe après l'autre, des respirations dans des masques à heures régulières, tout ce programme à répéter plusieurs fois par jour !

Il m'arrive d'être découragée, mais tu es toujours là pour me remonter le moral :

- Ca va aller, Maman, ce n'est pas grave, ne t'inquiète pas.

C'est grâce à ces mots pleins de douceur et de courage que nous avons poursuivi cette méthode durant ces années.

Un jour, au cours d'un exercice, tu nous parles de Brigitte Bardot ! Tu as dû entendre son nom au centre. Aussitôt, je lui écris une carte. Très rapidement nous recevons une réponse pleine de tendresse. Tu es très fier. Papa t'envie.

Une autre fois, tu nous demandes d'aller dans un avion. Un ami qui pilote pour son plaisir se propose de donner ton baptême de l'air. Tu nous aurais demandé la lune, nous aurions été te la décrocher ! Chaque fois que tu émets un souhait, pour nous c'est une grande avancée.

Ces quatre années ont été peut-être très dures, mais en même temps très enrichissantes. Malgré tout, je ne peux m'empêcher de penser à ces deux premiers mois de ta vie. Te réanimer sans notre accord .... On ne refait pas l'histoire. Ta vie devait être comme cela.

Beaucoup plus tard je rencontre une maman qui a accouché prématurément, à 6 mois et demi, d'une petite fille qui pesait 1 Kg 500 exactement comme toi,

seulement cette petite fille s'en est sortie sans aucune séquelle, elle est au conservatoire de musique avec ta sœur, elles jouent toutes les deux du violon.
Le chemin de vie de chacun restera un grand mystère.
Toi, tu es né avec une oreille musicale fabuleuse, tu n'arrives pas à chanter mais quand je chante, tu as le visage qui s'illumine tout de suite, avec un sourire jusqu'aux oreilles et tu en demandes toujours plus.

Finalement, tu es heureux comme tu es, moi j'essaie de te conduire vers la « normalité » mais la tienne n'est pas la mienne. C'est toi, mon roi, qui finit par me la faire accepter.

Au bout de ces quatre années d'efforts, nous nous rendons à l'évidence, nous ne pouvons pas aller plus loin. Tu as gagné 90% de ta santé, tes poumons se sont développés pour que tu respires mieux. Tu parles de mieux en mieux. Tu arrives à mastiquer davantage, il faut te rappeler de ne pas oublier de mâcher à chaque bouchée. Tu arrives à prendre la cuillère ou la fourchette de ta main gauche, la porter à la bouche proprement puis la reposer au bord de ton assiette. C'est un exploit !
Quant à la marche, nous n'avons pas réussi à reconnecter les bonnes cellules. Fauteuil il y a, fauteuil restera !

Pourtant, une ou deux fois, à la force de tes bras tu réussis à t'accrocher au rebord du lit et à te redresser un peu, là je crois au miracle. Des larmes coulent sur mes joues, ma voix se paralyse. Le miracle est de courte durée. Tu te laisses glisser tout doucement sur le sol. Je pense que tu veux me faire plaisir, il ne faut pas te demander l'impossible. Te voir marcher, venir en courant contre moi, m'entourer de tes bras et me dire « je t'aime maman », je l'ai rêvé plusieurs fois. Et toi, à quoi rêves-tu ? Je me suis souvent posé la question. Tu te demandes peut-être, pourquoi maman insiste pour me faire faire tout cela, moi je suis bien comme je suis. Après tout, tu as ton monde, la normalité, c'est nous qui la voulons. Chacun d'entre nous a quelque chose de particulier que l'autre n'a pas. Toi, tu peux te vanter d'être très différent. Je me mets trop souvent à ta place. Je fais fausse route. Tu acceptes avec naturel les événements de ta vie.

« Ne jamais se résigner devant le handicap. Ne jamais poser genou à terre.
Toujours continuer à faire ce qui est bon pour Yoann.
Yoann est capable du meilleur et mérite le meilleur. Il nous apprend que la normalité n'est pas le summum que l'on puisse atteindre.
Chacun a sa spécificité et son pas de côté.

Le pas de côté dans la vie, c'est ce qui nous fait prendre conscience de la réalité de la vie propre à chacun» .

Manuela Olivié

(Psychologue)

GARCHES

Nous voulons encore un autre avis, peut-être une autre technique pour t'améliorer. Nous prenons rendez-vous à l'hôpital de Garches à Paris avec un grand professeur. Que va-t-il nous apporter de plus ?
Durant l'entretien, j'explique le patterning, le Centre où tu es quelques heures par jour et évidemment les complications du début de ta naissance.
La réponse est brève, courte et blessante !

- Votre enfant est handicapé (sous-entendu il le restera) Ce que vous faites à votre fils, Madame, c'est du dressage !

Encore une fois tout chavire autour de nous. Nous faisons tout notre possible pour que tu puisses récupérer quelques fonctions basiques. Nous nous faisons juger comme des parents maltraitants. Où est la logique, il n'y a plus de sens, plus de compréhension. J'exprime ma rancœur, ton père est blême.
Ma réponse spontanée est aussi directe que la sienne.

- Comment appelez- vous le fait d'attacher des enfants sur leur fauteuil toute la journée ? C'est ce que l'on voit dans les centres, ils n'ont aucune possibilité de se mouvoir, prisonniers dans leur coque. Si je ne réussis pas avec cette méthode, mon fils aura le restant de ces jours pour s'y reposer.

Nous repartons, en miettes, la mine défaite. Aucun tact, tout grand professeur qu'il est. On devrait donner des cours d'humanité et de diplomatie à ceux qui sont censés « soigner ».

Pour essayer de rebondir malgré cette grosse déception, j'invite ton papa à aller au cinéma voir « Trois hommes et un couffin ». Je te confie à ton grand-père pour l'après midi. Un court instant de détente et de rire afin d'oublier pendant quelques heures nos épreuves. Après ce bon moment de vie, nous retrouvons vite la réalité. Il faut se blinder, ne pas baisser les bras, continuer à se battre.

LA PRISE DE CONSCIENCE

Après cette consultation mémorable, tu nous démontres que tu captes beaucoup de choses. Il y a longtemps que j'en suis convaincue. Le soir, je suis en train de t'habiller avant de reprendre le train et là tu nous dis :

- Alors je suis handicapé.

Consternation générale, tu avais tout enregistré, ce professeur à Garches n'a même pas pris la précaution d'être discret devant toi. Il pense sans doute que tu ne comprends rien. C'est lui qui aurait besoin encore de quelques années d'études pour savoir que les handicapés, comme il dit, ont un cerveau qui perçoit plus de choses que nous et un cœur qui écoute. Ton père se retourne les larmes aux yeux, moi, je ne perds pas mon sang froid, je te réponds aussitôt :

- Cela n'a aucune importance, nous t'aimons tel que tu es, et dans ce monde, nul n'est pareil, certains parlent, d'autres pas, certains entendent, d'autre pas, certains ont leurs jambes pour marcher et d'autres, comme toi, ont leur bras pour faire rouler leur fauteuil. Nous sommes avec toi, sur le chemin de tous les jours. Tu ne marches pas, nous te porterons pour que tu avances.

Te voilà rassuré. Nous rentrons à la maison pour retrouver notre quotidien.

A plusieurs reprises, tu te rends compte de ta différence. Dans certaines circonstances, tu me laisses perplexe. Un jour, tu essaies de ramper dans le couloir à ta façon.Tu as entre 11 et 12 ans, ta petite sœur court à côté de toi, âgée de quatorze mois, tu nous dis :

- Je n'arriverai jamais à la dépasser.

Je te parle souvent du Bon Dieu, je lui demande de nous aider dans les moments de découragement. Tu es plus direct, je t'entends dire haut et fort :

- Le Bon Dieu, il m'oublie complètement

Quelques années plus tard, en vacances en Espagne, tu adores les bains de mer, l'eau là-bas est chaude pour toi, et c'est le seul élément de la nature où tu te sens libre, ton corps se redresse facilement, dans une bouée tu es comme les autres. Mais voilà, pas tout à fait quand même.
Au bord de la piscine, nous sommes avec tes neveux et nièces qui n'arrêtent pas de plonger sans cesse, sauter, éclabousser. Je suis à tes côtés en train de lire et je t'écoute prononcer ces quelques mots :

- Moi je ne pourrais jamais le faire ça.
- Oui tu as raison, mais toi tu ne te fais pas gronder parce que tu fais trop de bruit.

Tu as des avantages sur eux : pas de devoirs à faire, ni ton lit, ni ranger ta chambre.

Dire que tu ne devais pas parler, ni rien comprendre à la vie.

Tu nous as montré aussi ton autorité ! Ta sœur chérie à l'âge ado, me répond d'une façon qui ne t'a pas plu du tout. D'un ton sec, sûr de toi, tu lui dis :

- Tu es mal élevée !

Nous éclatons de rire. Ta sœur ne s'attendait à ce que tu la reprennes. Tu as aussi acquis une bonne éducation. Plus tard tu diras quelques gros mots. Bien sûr, je t'explique qu'il ne faut pas les prononcer, mais dans le fond je suis franchement contente car ils sont toujours placés à bon escient.

LA POMPE

Tes crampes sont tellement douloureuses que malgré les cachets quotidiens, tu te crispes de plus en plus. On nous a parlé d'une pompe qui diffuserait un calmant, implantée sous la peau, au-dessus du bassin. Mais pour cette opération, il faut que tu aies atteint une taille suffisante. Ce n'est pas sans risque. Le rejet est possible aussi. Toujours est-il qu'il faut absolument l'essayer. Je ne peux plus te voir souffrir avec de si fortes contractures. Rien n'est pire qu'assister impuissante à la souffrance de son enfant.

Tu as 16 ans, le service anti douleur de l'hôpital a donné son feu vert. Cette pompe sera reliée directement au liquide céphalo-rachidien. Par pression sur une valve, le calmant fera immédiatement son effet. C'est une boîte magique, Yoann, enfin tu n'auras plus de crampes.

La première pompe, n'est pas une réussite. Elle est manuelle, il faut appuyer plusieurs fois par jour sur la valve, à heures fixes, afin que le produit se diffuse. Ce n'est pas la panacée, cela fonctionne une fois sur deux. Lorsque tes douleurs reviennent, c'est intolérable. Cinq ans de plus à patienter, avant d'avoir, le premier en France, le privilège de bénéficier d'une pompe automatique. Une merveille, bien sûr l'opération fut très délicate, le dosage s'élaborant à tâtons, il faut réussir à définir le bon débit. Nous passons tous les deux plusieurs semaines à l'hôpital.

Quelques semaines plus tard, le résultat n'est pas parfait. Le bon dosage est très long à obtenir. Au cours d'une visite de contrôle, alors que tu es installé sur la table d'auscultation, le professeur qui t'a implanté la pompe, te demande comment ça va ? Ta réponse est très pertinente !

- C'est une pompe en solde que vous m'avez mise.

La cour d'étudiants derrière ce professeur, ne t'a pas impressionné. Personne ne s'attendait à ce commentaire (et oui, tu ne devais pas parler ! Et en plus, tu as de l'humour !).
Après quelques réglages, tout se normalise. Tu dois, encore aujourd'hui, aller régulièrement faire ton plein, tous les quarante jours, à l'hôpital et ça roule ! Cette pompe est un véritable miracle. Ce produit se diffuse automatiquement dans ton corps, l'a rendu plus souple, a supprimé les contractures, la souffrance, et te permet de faire des progrès. Nous oublions tous les deux les douloureux moments vécus. On s'habitue très vite à ne plus souffrir. Mais au cours d'un été, en vacances en Espagne afin que tu puisses prendre des bains de mer, tu commences à t'agiter sur ton fauteuil, tu n'es pas comme d'habitude, je m'inquiète. Ces abominables contractures sont revenues de plus en plus fortes au fil des heures. Ce retour en voiture et en urgence devient un enfer.
La pompe s'est vidée plus tôt que prévu. La date de remplissage était fixée quelques jours plus tard. Tu n'as plus l'habitude de supporter les crampes, tu hurles de douleur, même les calmants par voie orale ne font aucun effet. La route me paraît interminable. Je donnerais n'importe quoi pour que tu ne souffres plus. Je suis arrivée à un point de saturation. Toutes ces opérations, ces hospitalisations, ces nuits blanches, trop c'est trop !

A la maison, je me précipite sur le téléphone, j'appelle le service de l'hôpital où l'on remplit les pompes, et on me dit :

- Madame nous ne pouvons rien faire le samedi, les personnes habilitées au remplissage des pompes ne sont là que le mardi et jeudi.

Je suis totalement affolée. Dans un centre hospitalier qui se dit anti douleur, personne n'est capable de remplir ta pompe en dehors de deux jours par semaine. C'est invraisemblable, nous passons le week-end à t'entendre souffrir, c'est intolérable pour moi. Je pense fortement à cette maman qui a abrégé les souffrances de son fils handicapé, ce geste d'amour, que nous seules, mères d'enfants semblables, pouvons comprendre. Impossible d'attendre le mardi pour agir, tu as trop mal. Dès le lundi matin je me précipite à l'hôpital.
Dans le service, je ne me contrôle plus. Je cris très fort :

- Je ne partirai pas d'ici tant que l'on n'aura pas rempli la pompe de mon fils. Je demande à voir immédiatement le professeur du service. C'est lui qui a fait ton implantation. Un jeune médecin me répond :

- Mais Madame, le professeur est en salle d'opération, nous ne pouvons pas le déranger !

- Il n'est pas question que je sorte d'ici, mon fils souffre trop, il vous faut impérativement intervenir.

Ma détermination est tellement forte, qu'il finit par céder. Quelques instants après, le professeur arrive. En te voyant, il comprend immédiatement la situation. Il téléphone aussitôt à la personne compétente et lui demande de venir immédiatement même si ce n'est pas son jour de travail. Le soulagement n'est pas immédiat, la pompe doit se réamorcer, ce n'est que le lendemain que tu commences à ne plus avoir ces crampes horribles. Ce souvenir est douloureux pour moi, car tu m'en a voulu terriblement d'avoir été impuissante.

Depuis, nous prenons toutes les précautions, ce n'est plus tous les quarante jours mais tous les trente cinq jours que tu vas faire ton plein.

MES CONVICTIONS

Il y a aussi ce plot imposé depuis des années entre tes jambes lorsque tu es assis sur ton fauteuil. Depuis que tu es plus détendu, je n'en vois plus l'utilité. Persuadée que plus on te met des contraintes, plus tu te raidis. Je me bats pour que l'on accepte que tu sois assis normalement. On finit par accepter, Hourra, tu ne croises plus tes jambes.
C'est grâce à cette pompe miracle. J'insiste aussi pour que tu n'aies qu'un minimal de médicaments. Il faut inverser la tendance à donner trop de calmants. Avec le produit qui se distille automatiquement dans ton corps, tu n'as plus besoin de valium et de gardénal. Encore une fois, la phrase habituelle dans ce genre de situation est dite comme un enregistrement à répétition :

- Vous prenez vos responsabilités, madame.

Oui, je commence à avoir l'habitude de braver tous ces discours de gens savants. Je réussis à diminuer de moitié ton traitement. Encore une victoire pour toi, tu es beaucoup plus présent, tu t'intéresses à tout ce qui gravite autour de toi.
Il faut avoir une sacrée ténacité pour dépasser tous ces protocoles que l'on vous colle automatiquement parce que vous êtes différents et surtout, lorsque vous ne pouvez pas vous défendre.

LES TOILETTES

A 16 ans, te faire la toilette devient très difficile pour moi. Te mettre dans la douche et t'en relever devient une véritable épreuve. Tu as grandi, tu es un petit homme. Nous ne nous laissons pas abattre pour autant, nous avons le droit de faire appel à une infirmière pour nous aider matin et soir à la maison. Je me raisonne, j'en fais la demande. Quel soulagement, elle devient très précieuse. Elles sont deux en alternance, toi, tu t'adaptes à chacune. Tu es tellement gentil, avec ton caractère en or, que l'on ne peut que t'apprécier.

Tout se passe très bien pendant un certain temps, puis du jour au lendemain plus personne. Panique, je me mets à la recherche d'une autre infirmière, en vain. Autour de chez nous, c'est la pénurie. Courage, nous reprenons nos habitudes, mon mal au dos se rappelle à mon bon souvenir.

Dans toute situation, il y a du positif. Je réussis au cours de tes transferts « lit-fauteuil, fauteuil-lit » à te faire poser les pieds au sol quelques secondes et si j'enroule tes bras autour de mon cou, tu t'accroches mon Yoyo, la manipulation devient beaucoup plus facile.

Nous avons tous les deux des anges protecteurs envoyés par des ondes magiques. Au bout de quelques années sans personne, le miracle se produit.

Les champs de tournesols devant notre maison se recouvrent peu à peu de maisons différentes. Dommage pour le décor, mais la magie opère. Parmi ces nouveaux voisins, il y a des infirmières. La première est restée quelque temps avant de nous présenter celle qui est devenue ta préférée.

NATHALIE

Ah ! Nathalie, elle est tout pour toi, douce, sachant te faire rire, jolie comme un cœur. De nouveau, nous avons de l'aide pour les toilettes. Ils sont deux, tantôt Nathalie, tantôt Nicolas adorable aussi, mais toi, tu préfères Nathalie. Ils sont au petit soin avec toi, scrutant le moindre indice qui pourrait être anormal sur ton corps. C'est une véritable complicité qui s'installe avec eux. Cette relation intime que tu as, tu la réclames, tu l'attends toujours avec plaisir. Cela fait partie de ta vie, tu n'as pas que maman, même si tu me réclames beaucoup lorsque je m'absente :

- Où elle est maman, qu'est-ce qu'elle fait maman?

Lorsque tu me répètes plusieurs fois la même chose je te demande si tu n'as pas été piqué par une aiguille de phonographe ! Alors tu ris et tu passes à autre chose.
Revenons à Nathalie, une anecdote qui s'est passée il n'y a pas très longtemps. Un matin, au petit déjeuner, tu me dis d'un ton résigné :

- C'est Nicolas qui vient ce matin ?
- Non, c'est Nathalie, hier elle n'a pas pu venir car elle allait au théâtre avec sa maman.

Ta réponse m'a énormément touchée :

- Pourquoi pas avec moi ?

Je comprends que tu dois être un peu amoureux de Nathalie. L'autre soir, tu arrives comme tous les vendredis vers 18 heures, tu commences à répéter :

- Elle vient l'infirmière ? Elle arrive quand ? C'est Nathalie qui vient ?
Questions répétées au moins dix fois.

- Mais Yoann tu es pressé d'aller te coucher ?
-Non! Mais je suis pressé de la voir.

Tu la réclames, tu la guettes. Malgré l'altération de ses facultés, je me rends compte que Yoann a des sentiments qu'il sait très bien exprimer. Je suis émue, je soupire de bonheur. Ces aides à domicile nous permettent de te prendre régulièrement à la maison, et surtout de nous économiser un peu pour tenir le plus longtemps possible. Nathalie est devenue une amie. C'est rassurant d'être absolument en confiance avec les personnes qui s'occupent de toi, qui te parlent, te considèrent, qui échangent sur les petits faits quotidiens, qui te font rire. Les jours où tes réponses deviennent un peu plus subtiles, Nathalie est toute fière de me les répéter. Je redeviens un peu plus maman. Un lien se tisse, solide. Nous l'accueillons dans notre intimité familiale. Nous avons beaucoup de chance, même la dernière arrivée qui en ce moment remplace Nicolas, a su créer un climat de confiance. Malgré tout, tu maintiens ta préférence. Ta réflexion l'autre jour, lorsque l'infirmière remplaçante te dis :

- La semaine prochaine ce n'est pas moi Yoann, c'est Nathalie.

- Ca va faire du bien !

Nous rions toutes les deux de ton côté très direct pour dire les choses.
Depuis peu, une autre jeune femme vient à domicile de temps en temps pour te masser le dos, le visage, un vrai bonheur pour toi. Tu es complètement détendu, il y en a beaucoup qui voudrait être à ta place ! A la fin de la séance, on la remercie et tu rajoutes :

- Elle est adorable.

Toutes ses personnes partagent notre vie. Nous ne sommes pas seuls.

LES SORTIES

Toute sortie demande une organisation, rien n'est simple. Il faut surtout se renseigner pour savoir si l'accès avec un fauteuil est possible. Qu'il n'y ait surtout pas trop de marches à escalader. Chaque fois que l'on te sort au restaurant, au cinéma, tu participes tellement, tu es si content que cela efface d'un coup toutes les contraintes que cela a pu engager. Te mettre dans la voiture devient de plus en plus difficile. Tu as continué à grandir, à grossir, te développer et nous, nous vieillissons ! Nous arrivons toujours à trouver des solutions.

Pour les vacances en dehors de la maison, il faut tout prévoir. Surtout ne rien oublier. Arrivés sur les lieux choisis, il y a toujours un problème d'espace au niveau de la douche. Pas facile de s'organiser, nous faisons avec les moyens du bord ! Pour toi, pas de souci, maman est là pour arranger tout cela. Ce que tu aimes le plus, ce sont les spectacles, le cirque, la musique et les fêtes à la maison. Tout est prétexte pour les faire. Quelle chance d'avoir une grande famille, il y a tous les mois un anniversaire.

LE DILEMME

La vie s'écoule presque comme pour un autre enfant, tu pars le matin avec un taxi vers 9h et tu es de retour vers 17 h. Le week-end se passe à la maison ainsi que toutes les vacances scolaires. Tu as des éducatrices charmantes, avec qui nous avons tous les deux une grande amitié.

Les années passent et je sais qu'il va falloir prendre une grande décision. Un ultimatum nous est imposé car tu vas sur tes 20 ans, le centre où tu te rends pendant la journée, n'est pas agréé pour des adultes. Il ne peut plus vous garder. Depuis un an, avec plusieurs familles, c'est devenu notre grosse inquiétude. Nous espérons la création d'une maison d'accueil pas très loin de chez nous. On nous fait miroiter un établissement où, en tant que parents nous aurions notre mot à dire. Nous allons participer à une création, du moins pouvoir donner notre avis.

Douces illusions !

L'année 1996 fut un cauchemar, au mois de juin, avant les grandes vacances, on nous annonce qu'il faut vite réserver une place dans un établissement qui existe déjà depuis de nombreuses années, ou alors te garder à la maison.

Quel choix douloureux ! Je ne peux pas t'apporter à domicile tous les contacts que tu pourras avoir hors de la maison. Des activités avec tes copains, une vie sans maman. C'est très dur, si nous te gardons à la maison, qui s'occupera de toi si nous sommes malades ?

Te laisser à la charge de tes frères ou de ta sœur, n'est pas envisageable même s'ils ne diraient pas non. Je n'ai pas le droit d'entraver leur vie de couple. Notre vie depuis que tu es né tourne autour de toi, il a fallu s'adapter, mais nous, nous sommes tes parents. Pendant des années ton univers a été ta famille, la maison, le Centre dans la journée. Si pour des raisons X ou Y nous ne pouvons plus assumer, s'imposera à tes frères et sœur de trouver en urgence un établissement. Les charger d'un tel souci m'est intolérable. Le plus sage est de commencer à t'adapter à une petite séparation par semaine. A connaître une autre vie. Là aussi, on me promet monts et merveilles.

- Ne vous inquiétez pas, vous pourrez venir voir votre fils quand vous le souhaitez et vous le reprendrez à la maison toutes les semaines.

Je suis très angoissée à l'idée de te laisser dormir ailleurs qu'à la maison. Ma grande crainte est qu'on t'ignore, qu'on te laisse de côté alors, je te laisse pousser les cheveux afin de pouvoir te faire une petite queue de cheval, pour qu'on te remarque, et qu'on ait un geste tendre envers toi. J'ai raison, instinctivement les personnes du nouvel établissement sont attirées par cette petite mèche de cheveu.

Mon premier combat : pouvoir te récupérer toutes les fins de semaines. Ces maisons spécialisées fonctionnent avec un prix de journée. Donc, quand tu es absent, l'établissement ne perçoit rien. Mais pour moi, ce qui compte, c'est de t'avoir régulièrement à la maison. Je ne suis pas au bout de mes surprises. Réglementairement, quand tu rentres dans une MAS (maison d'accueil spécialisée), tu ne peux sortir qu'un week-end sur deux. C'est presque de la maltraitance, le lien indispensable avec la famille devrait rester prioritaire. C'est absolument impossible, je ne peux me résoudre à ce nouveau mode de vie. Là commence une longue bataille auprès des instances, et de la direction.

On me parle toujours d'argent, et moi, je leur parle d'amour ! Je deviens une tigresse. Qui a inventé ces lois ? La société a tout fait pour que tu puisses vivre malgré ton handicap alors elle doit être capable ensuite de proposer aux familles qui le demandent la possibilité de continuer à élever leur enfant après l'âge de 20 ans, tout en leur apportant la respiration nécessaire en les prenant en charge de temps en temps.

Je rêve souvent, cela nous fait avancer tous les deux à pas de géants. C'est absolument incroyable de devoir se battre pour que tu puisses revenir en famille régulièrement.

Après avoir tout fait pour te donner une vie « normale », une vie de famille comme tes autres frères et sœur, il faudrait que du jour au lendemain nous acceptions de ne te voir que tous les quinze jours. Que l'on se décharge complètement de ton éducation. Et toi, qui se pose la question de savoir ou est ta préférence ?
Je suis bien décidée à ne pas me laisser imposer un tel règlement. Je sais que la lutte va être rude.
Ne perdons pas courage mon Yoyo, on va y arriver.
Le songe a toujours fait partie de mon moi intérieur, je m'échappe, je m'isole, je m'invente une autre vie. Sur mes bulletins scolaires, il y avait très souvent la même phrase : " Mais à quoi rêve-t-elle" ?

Tous ces gens autour de moi, qui veulent m'imposer un choix à faire ! Ces conditions me paraissent inacceptables !

La décision, nous l'avons prise avec papa. Il est préférable de continuer à avoir une vie en dehors de la maison, et aussi en famille.

Nous avons Juillet et Août pour digérer la nouvelle, nous ne savons pas encore comment sera ce nouvel établissement. La seule information que nous obtenons, est sa situation proche de la maison. Pour le moment, nous acceptons. Vivons cet été pleinement, sans trop y penser.

SEPTEMBRE 96

Après les mois de vacances d'été passés en famille, il va falloir que tu fasses ta rentrée dans cet autre établissement. Tu iras du mardi matin au vendredi, maman viendra te voir le jeudi.

Le cœur très lourd, je t'accompagne dans ta nouvelle "maison secondaire". Oui, pour nous, la maison, c'est chez nous. Seules les hautes sphères, qui décident des lois, qui attribuent les finances, décrètent que les MAS deviennent votre résidence principale. Les moyens sont divisés par trois, plus de prise en charge pour les transports (1 fois par mois), (j'en parlerai dans un prochain chapitre). Rendre visite aux parents devient chose rare. Les mauvaises nouvelles tombent sur moi comme une grosse pluie, chaque goutte me fait fondre en sanglot.

Nous nous retrouvons devant un bâtiment à étages (très pratique pour des fauteuils roulants!), un parc inaccessible plein d'embûches, donc impossible pour vous. Un seul ascenseur pour 50 résidents, votre vie va se passer devant l'ascenseur à l'attendre pour descendre prendre vos repas et pour remonter. Pour couronner le tout, il y a, à chaque étage, de grandes portes sans fermeture donnant sur les escaliers. Cela veut dire qu'à tout moment, un jeune qui n'est pas sur fauteuil peut vous pousser si cela lui semble rigolo.

Des sueurs froides le long de mon dos me font bondir de tous les côtés. Je vais hurler d'abord devant l'administration qui a donné le feu vert pour l'ouverture

d'un tel établissement. Ensuite, je vais remercier les responsables de ton ancien Centre pour ce bon choix, et surtout de nous avoir tenus au courant.
Chaque résident vit à proximité d'autres pensionnaires aux handicaps lourds et différents. Les uns sont debout avec des gestes répétitifs, d'autres me paraissent plus violents. Mon Dieu, toi qui es si doux, tu ne peux même pas te défendre. D'autres encore sont sur des fauteuils comme toi avec parfois des visages déformés, ils ne parlent pas mais poussent des cris.

C'est pour moi la cour des miracles. Les contrariétés s'accumulent de jour en jour. Les moyens financiers très diminués génèrent un personnel en effectif moindre avec une formation inexistante pour s'occuper de vous. Ma douleur est indescriptible, la séparation d'avec toi, ce lieu absolument pas adapté, le tout me fait fondre en larmes dès que je reprends le chemin de la maison.

Que faire ? Te reprendre, te laisser pour essayer, c'est un véritable calvaire pour moi. Pourvu que tu ne penses pas que je t'abandonne.

Allons, ne nous laissons pas abattre, nous en avons vu d'autres depuis que tu es né. Tu m'as insufflé une très grande force. Ma première réaction positive est de créer une association de parents pour vous défendre. L'union fait la force. Un petit groupe se forme partageant les mêmes attentes, les mêmes soucis et le même espoir. Nous obtenons assez vite la création d'un deuxième ascenseur, ce n'est pas du luxe. Il arrive que les ascenseurs soient en panne ! Alors vous êtes par la force des choses obligés de rester dans vos chambres, résultat d'un choix d'établissement à étages pour des fauteuils roulants.
Nous bataillons pour l'aménagement du parc, encore

faut-il qu'il y ait assez de personnel pour vous y accompagner. Nous avons l'impression d'être dans un tourbillon d'angoisse, personne n'a l'air de savoir comment s'y prendre avec vous. Nous essuyons les plâtres, il y a tout à faire, rien ne me semble adapté pour des jeunes comme toi. Je panique, les doutes me submergent.

Au bout de quelques jours, je te vois te renfermer sur toi-même, tu penches ta tête, tu te remets à baver alors qu'il y avait bien longtemps que cela ne t'était pas arrivé. Tu es triste et tu restes où l'on te met. Tu ne te sers plus de tes mains pour te déplacer avec ton fauteuil. C'est un véritable cauchemar pour tous les deux. T'enlever ou me battre, pour toi et les autres jeunes dont certains ont des parents âgés, ou n'ont plus de parents, ou carrément abandonnés.

Nous, parents, nous voulons changer les choses. Nous organisons réunions sur réunions, nous nous serrons les coudes. Les premières années dans ce centre sont très difficiles. Ce n'est que de la garderie, nous n'en pouvons plus. Je passe outre la règle de ne te prendre qu'une fois tous les quinze jours.

Je ne vis plus du mardi au vendredi, dans le doute, la peur que l'on te fasse mal. Je respire le vendredi, jour où tu rentres de nouveau à la maison. Le jeudi, je viens te rendre visite.

Nos enfants ont le droit d'avoir le confort nécessaire, des repas corrects, quelques activités adaptées aux possibilités de chacun, des sorties extérieures surtout pour ceux qui ne sortent jamais dans leur famille.
Une lourde tâche nous attendait.

Le seul fil conducteur unissant un établissement à l'autre qui m'a beaucoup aidé, c'est la psychologue. Elle me permet de passer le cap, m'encourage pour ne pas tomber dans la déprime. Je tiens bon, ce n'est pas mon choix, mais l'obligation d'en passer par là si je veux garder une certaine vie avec tes frères et sœur. Pouvoir partir de temps en temps avec ton papa. J'accepte tout ce qui m'est insupportable. Petit à petit, je m'habitue aux différents visages de tes camarades. Aux cris parfois, aux odeurs. Le plus insoutenable, c'est de te voir au milieu de tous ces fauteuils.

Mon Dieu, que c'est dur !

Malgré tout, quand je ressors de ce centre, je réalise chaque fois combien j'ai une grande chance de t'avoir comme tu es: doux, tout sourire, tu communiques, c'est énorme. Tu es un véritable bonbon.

Les Directions dans cet établissement se succèdent. Chacune avec leurs qualités et leurs défauts. Nous vivons quelques moments de répit. Nous obtenons auprès de chacun une petite avancée.

Mais pour toi, je vois bien que cela ne te convient pas. Tous les progrès que nous avions obtenus semblent tout à coup anéantis. Pour aller plus vite, on te fait manger, alors que j'ai passé des heures et des jours à t'apprendre à tenir une cuillère et la mettre à la bouche. Il m'a fallu beaucoup de temps pour arriver à ce que soient conservés tous tes acquis. Je fais des pieds et des mains pour que tu changes de groupe. En effet, au même étage, il y a une autre équipe qui me semble plus dynamique et surtout, un groupe de jeunes mieux adaptés à ton état, il y en a parmi eux qui parlent un peu.

CHANGEMENT RADICAL

La métamorphose est immédiate. Tu t'es remis à parler de plus en plus, à te déplacer avec ton fauteuil au grand étonnement de ton ancien groupe qui pensait que tu ne parlais pas et que tu ne pouvais pas te servir de tes mains.
Je recommence à respirer. Lorsque le vendredi arrive, tu me racontes un petit peu, par bribes, ce que tu fais. Quelques temps avant ton changement d'équipe tu m'avais dit :

- C'est l'enfer !

Une boule me serre à la gorge. Pourquoi suis-je tiraillée par l'envie de te garder toujours près de moi et celle de te voir réussir ta propre vie ? Je ne suis tranquille que lorsque tu es à mes côtés. Chaque mardi matin, à ton départ un mal au ventre me vient.
Il a fallu prendre cette initiative, afin que tu retrouves ton équilibre. Peut-être des personnes sont plus attentives à ton écoute. Toujours est-il que tu pars enfin content, et je te retrouve avec le sourire. Il a fallu patienter 3 ans avec des hauts et des bas! Tu t'adaptes enfin à cette nouvelle vie, beaucoup mieux que moi !

Maintenant quand je te questionne pour savoir si ta semaine s'est bien passée, tu réponds :

- Oui, très bien.

De temps en temps, toujours avec humour, tu m'annonces

que le taxi fait grève, de ce fait il ne pourra pas venir te chercher. Ta façon personnelle de me signifier : ce matin, je reste à la maison.
Progressivement, les choses se mettent en place, des activités vous sont proposées. Nous participons en tant qu'association à la création d'un atelier Snoezelen : salle aménagée de matelas à eau, de fauteuils relaxants, de jeux de lumière, de musique douce. Tout pour la détente et le bien être. Pour chacun d'entre vous les possibilités d'en profiter sont réduites, une fois tous les deux mois ! C'est mieux que rien.

Je me mets en quête de vous faire installer un salon de coiffure et un fauteuil esthétique pour des soins. Après plusieurs refus de la direction, qui trouve le coût trop important, je recherche par mes propres moyens un salon qui laisserait son matériel à moindre frais. J'obtiens tout le nécessaire pour une somme modique.
De même pour un atelier art plastique, une école d'architecture nous cède quelques tables à dessin.
On me dit très souvent, quand je demande au cours de réunions de construire des salles d'activités de plein pied, un bassin pour vous détendre etc...

- Vous rêvez, madame, ce n'est pas réalisable.

Mais je suis tenace, et je finis par obtenir, pas le rêve entier mais une partie. Un climat de confiance s'installe progressivement, toujours avec des hauts et des bas. Tu es totalement à la merci de ceux qui s'occupent de toi. Certaines me paraissent tout à fait fiables dans le sens humain. Je me persuade qu'elles te considèrent comme une personne et non pas comme un travail à assumer dans la journée. Je remarque tout de suite le geste attentionné ou pas. Au cours de mes visites, en général le jeudi, (tu es parti mardi matin), soit je te trouve souriant, en train de parler, de rire, bien installé au fond de ton fauteuil, alors oui je repars rassurée. Soit je te vois, le pull à moitié torse, (car on n'a pas pris la peine de le redescendre correctement), installé à la va vite sur ton fauteuil après la toilette, alors là, oui, j'ai à nouveau le ventre qui se tord.

Tu ne peux pas arranger tes vêtements comme il faut, si on ne te le fait pas, tu vas rester des heures avec des plis dans le dos. Il n'y a que toi que cela gêne. Est-ce un manque de temps ? Un manque de savoir faire ? Ou tout simplement de l'inattention ?

Tu ne te plains jamais, c'est moi qui rouspète à ta place. Je passe pour une enquiquineuse, mais si, juste une matinée on changeait la situation, on inversait les rôles, on comprendrait certainement mieux ce que veut dire la dépendance. Heureusement que ce n'est pas toujours comme cela. Il faut accepter l'institution telle quelle est, avec ses qualités et ses défauts.

Nul n'est parfait, même nous, parents, nous ne devons pas faire exactement ce que tu souhaites. Mais tu as une sagesse innée, une ouverture d'esprit qui te font avoir une grande tolérance envers les autres. Tu me donnes souvent des leçons !

Les années passent, je me sens de plus en plus en confiance avec l'établissement. Tu trouves un équilibre entre la MAS et la maison. Il y a davantage de sorties extérieures. Tu te fais aimer, et apprécier pour ta bonne humeur, ton optimisme et ta douceur. Tu continues à faire des progrès, surtout dans la communication. Je te sens épanoui et heureux. Malgré tous ces pas en avant, j'ai toujours beaucoup de mal à te laisser plusieurs jours. Lorsque nous partons en voyage avec papa, j'ai toujours des scrupules, et très peur qu'il ne t'arrive quelque chose, en mon absence. Pourtant, je dois reconnaître qu'il est important que d'autres personnes s'occupent de toi. Je me recharge en énergie et nous tenons la distance.

Depuis trois ans, je commence petit à petit à admettre que tu peux avoir une vie en dehors de la maison et être heureux sans nous. C'est certainement cette complémentarité entre la famille et le centre qui t'a fait retrouver l'équilibre.

A ce jour : extrait d'un texte sur le cahier de liaison de l'une des personnes qui s'occupe de toi dans cet établissement :

« Yoann se porte bien. Il est d'humeur joyeuse, égal à lui-même. Son vocabulaire est toujours riche d'expressions pertinentes et à bon escient. Il aime donner son avis et il importe beaucoup ».

Valérie D.

LE TAXI

Je reviens sur un détail. Parmi les combats qu'il me faut affronter, il y a celui du transport. Lorsque, à l'âge de vingt ans tu es devenu adulte, « bien sûr administrativement », tu n'as plus le droit qu'à un seul transport par mois, remboursé par la sécurité sociale pour revenir dans ta famille. Jusqu'à présent, matin et soir, un taxi assurait gratuitement les déplacements du centre à la maison et vice versa. Maintenant que tu deviens plus lourd c'est le contraire, il faut débrouiller par nos propres moyens. La difficulté est énorme, te mettre dans une voiture, et t'en sortir. Toutes les démarches que j'entreprends pour modifier la loi, restent négatives. Au moins deux transports par mois me sembleraient plus humains.

Sénateur, Député, Ministre, rien n'y fait, n'est prévu, de nos jours, qu'un seul transport par mois. Certain département ne l'accorde même pas. Les parents qui sont très éloignés ne peuvent pas en payer le prix. Tout est fait pour éloigner, petit à petit, la famille de l'enfant. Personne ne pense à ces jeunes, coupés de leurs liens familiaux, faute de moyens.

Nos voitures deviennent un sujet houleux de discussion avec papa. Je ne peux pas me résoudre à prendre une voiture aménagée, peut-être quand je serai très vieille, que je ne pourrai plus du tout te porter ! En attendant il faut trouver des solutions. Je demande de l'aide pour t'installer, puis arrivée à la maison, je me rehausse à l'aide d'une planche pour me grandir, et me permettre de te mettre sur ton fauteuil plus facilement. Je n'ai pas toujours quelqu'un près de moi pour te soulever. Dans la voiture, tu participes pleinement à tes voyages. Tes commentaires prouvent que tu vis avec plaisir les bouchons, les feux rouges, la vitesse etc.... Ne pouvant pas conduire toi même, tu te fais ton petit cinéma. Il t'arrive de mettre ta main sur le levier de vitesse. Tu es prêt à conduire « dans ta tête ».

Nous avons toujours beaucoup de chance avec les différents chauffeurs de taxi. Il se crée tout de suite des liens amicaux. Je sens bien que tu les apprivoises, et tu réussis à te faire apprécier.

LE SERVICE MILITAIRE

Une autre anecdote me revient. A ta majorité, se pose le problème du service militaire.
Après avoir rempli plusieurs papiers en ton nom, indiquant que tu n'es pas capable de recevoir une formation pour défendre éventuellement la nation, nous recevons un courrier insistant, nous précisant ta présence obligatoire pour remplir ton devoir : le service militaire.
Je ne m'inquiète pas, j'ai remis tous les formulaires administratifs à la mairie depuis plusieurs mois, avant tes 18 ans. Même la carte d'invalidité n'a pas suffit. J'avoue que j'en ai un peu assez de ressasser toujours les mêmes explications concernant ton état. Je décide de ne pas tenir compte de ce courrier. Mais ils te veulent vraiment. Un matin, la gendarmerie me téléphone :

- Nous venons chercher votre fils (sous entendu « le déserteur »)

- Mais venez donc, il n'y a pas de problème, seulement il vous faut un véhicule adapté pour un fauteuil roulant.

J'aurais voulu voir la tête de ce dernier. Il s'est confondu en excuses. L'administration est une affaire qui marche bien !
Réformé, d'office, mon Yoyo, quelle chance. Tes deux autres frères aussi l'ont été pour d'autres raisons. J'avoue qu'en tant que maman, j'en suis ravie.
Nous n'avons pas du tout l'esprit militaire ! D'ailleurs,

c'est ton papa qui a donné l'exemple. J'attendais ton deuxième frère quand papa, ayant fini ses études, est invité à faire ses 18 mois d'armée. Drame à la maison, il vient d'avoir une proposition pour s'installer et débuter son exercice. Il fait tout pour se rendre malade, il bénéficie d'un petit coup de pouce pour être exempté. Quel soulagement.

Evidemment, tu ne peux vraiment pas faire autrement que tes aînés, cela ferait désordre. Encore une fois, ton handicap devient un avantage. Le problème est vite résolu.

LE TRIBUNAL DE GRANDE INSTANCE

Il s'en passe des changements à ta majorité. 20 ans, tu deviens majeur. Majeur pour peut-être voter ? Un avantage de plus pour toi, tu n'as pas de choix à faire, nous décidons pour toi. Même dans le quotidien, ce sont les autres qui choisissent de ce que tu préfères manger, quand tu as sommeil, quand il faut te réveiller, quand il faut te changer, quand il faut te repositionner confortablement sur ton fauteuil, quand tu dois sortir, quand tu dois rentrer, etc. Tu es dépendant de celui ou celle qui s'occupe de toi. Toutes les mères qui ressentent le moindre signe, qui comprennent tout jusqu'à leurs entrailles, se retrouvent comme moi devant des inconnus. Vont-ils savoir s'occuper de vous ? La grande question, faire confiance, lâcher prise, couper le cordon.

Tout à coup, de nouveau une peur s'installe, je pense au moindre détail, il faut que je prenne sur moi. Finalement, c'est toi le plus courageux.

Avec ta majorité, tout à coup, nous devons nous présenter au TGI pour te mettre sous tutelle! Une grande première, je ne suis jamais rentrée dans un tribunal, tu n'as jamais fait de faute grave, mais, pour la société, naître différent des autres impose mille contraintes, il est vrai que vous n'en avez pas assez par ailleurs.

Nous nous retrouvons avec papa devant un juge qui nous pose mille questions et veut se rendre compte si nous sommes capables de nous occuper de toi, de gérer ton patrimoine. Il est certain qu'avec ce qui reste de l'Allocation Adulte Handicapé, tu vas pouvoir t'acheter

des immeubles. Tout me semble complètement absurde. Nous n'avons pas attendu que tu aies 20 ans pour t'habiller, te nourrir, t'apporter le maximum de confort, essayer de te rendre heureux. Mais à partir de maintenant, il faut rendre des comptes sur les frais que nous faisons pour toi. Nous prenons conscience que tu es favorisé, nous avons les moyens de compléter. Tout est hors de prix. Le moindre accessoire pour améliorer ta vie, tout ce qui concerne le handicap devient du luxe.
Dès que nous voulons le petit plus pour nous faciliter la vie, il nous semble exiger la lune.
Je me souviens avoir fait une demande pour un fauteuil plus léger auprès de l'assurance maladie, pour plus de facilité à le plier lors des transports. Donc, il coûte plus cher que le basique remboursé par la sécurité sociale. Tu as16 ans. Le service des remboursements me téléphone pour avoir des précisions, des tas de questions inutiles, quelle idée saugrenue que de demander un fauteuil plus léger. J'ai tout simplement répondu :

- Mon fils a 16 ans, j'aurais aimé lui offrir sa première mobylette comme à ses frères.

LA PEUR DES HIVERS

Chaque hiver, c'est l'appréhension de la grippe qui, pour des enfants fragiles comme toi, peut être fatale. En très peu de jours, une simple grippe peut devenir dramatique.

Il y a quelques années, nous en avons eu des exemples. L'un de tes petits copains se trouvait chez sa maman pour les vacances de Noël, elle lui a été fatale ! L'épreuve fut très dure pour moi. La maman qui me connaît très bien m'a appelée tout de suite pour la soutenir. Je ne peux refuser et la laisser sans soutien. J'ai peur, je me mets à la place de la maman. Je prends mon courage à deux mains. Je me retrouve prostrée devant ton camarade, allongé, les traits détendus, plus de crispations, plus de déformations, il est parti en une nuit. Vous êtes comme des feuilles accrochées aux branches et au moindre souffle de vent, vous vous envolez. Peut-être pour une vie meilleure, sans plus aucune souffrance. Je suis repartie apaisée malgré le vide de l'absence.

L'an dernier, est annoncée une épidémie de grippe, décrite comme terrible. Mille précautions sont prises par l'Institution. Les premiers symptômes se font vite ressentir. La moitié de tes camarades l'attrape. Malgré toutes les recommandations, absence de contact entre les personnes grippées et non grippées, je te retrouve, auprès d'un de tes copains alité. Je te ramène aussitôt à la maison et j'essaie de te convaincre : Yoann tu n'auras pas la grippe. Le moral a marché. Tu as été en pleine forme. J'essaie de te transmettre le bon côté des choses. Nous devons être tous les deux de véritable vases communicants.

LA PUISSANCE DES MOTS

Un soir dans ton lit, tu as des vomissements par jets avec du sang. Je pense tout de suite à un cancer, nous t'hospitalisons pour faire des examens. L'angoisse, la peur, tous ces sentiments reviennent chaque fois que tu as quelque chose.

On me permet de t'accompagner au bloc, cet examen nécessite une anesthésie. Je suis à tes côtés jusqu'à ce que tu t'endormes. Je te chante tout doucement une chanson, je t'apaise, tu es très courageux. Une fois endormi, je te laisse, tremblante d'inquiétude, que va-t-on m'annoncer ?

A petits pas, je me dirige vers la chambre pour t'attendre.

Pourquoi faut-il que je passe par toutes ces épreuves. Et toi, tu n'as rien demandé de tout cela.

Après une heure d'attente, une éternité, le chirurgien vient me rassurer. L'examen montre des petits ulcères tout le long de l'œsophage. Avec un bon traitement, tout rentrera dans l'ordre. Je me retiens de lui sauter au cou de joie. On te ramène auprès de moi. A ton réveil, tes premières paroles sont éclatantes de lucidité. Je me penche pour t'embrasser et tu me dis :

- Heureusement que je suis encore là !

Tes mots sont justes, et dits au bon moment. Tu as deviné mon angoisse que j'ai eue de te perdre.

TES NEVEUX ET NIECES

Tes frères et sœur se sont mariés. Nous n'aurons pas à mettre des sous de côté pour ton mariage ! Un souci de moins.

Mon roi, tu resteras toujours le petit de maman, j'ai la chance de t'embrasser autant que je le désire, tu es toujours d'accord avec moi, les autres enfants font leur vie ailleurs, jamais trop loin de nous. Mais toi, ta vie se passe entre le Centre et ta maison.

La naissance de ton premier petit neveu a été très importante pour toi. Alexandre, tu le réclames souvent, les autres aussi mais tu as tes préférences.

A chaque annonce d'une nouvelle grossesse de tes belles-sœurs ou de ta sœur, tu y vas de tes petites réflexions :

- Encore, mais ils n'arrêtent pas !

Aujourd'hui, tu es l'oncle de trois neveux, de trois nièces et bientôt d'une autre. Tu leur apportes énormément. De grandir à côté d'un enfant différent, rend automatiquement beaucoup plus tolérants, et permet d'accepter les autres tels qu'ils sont. Tu les aides aussi à apprécier la chance qu'ils ont de ne pas faire d'effort pour parler, pour manger, pour marcher, pour comprendre, pour regarder.

Ils te réclament quand tu n'es pas à la maison, ils veulent en savoir la cause. Au fur et à mesure qu'ils grandissent, par petites bribes, je leur explique ton histoire.

Ils t'ont mis tous, à tour de rôle, un ballon dans la main pour que tu le jettes, et là, la magie opère, il y a un d'échange.
Ton fauteuil devient un jeu, tu arrives à les tenir sur tes genoux, l'un après l'autre, bien sûr, tant qu'ils sont encore petits, et nous voilà en train de faire le tour de la maison en chantant :

« Le petit train s'en va dans la montagne », tout le monde est heureux, tu as l'impression de leur donner quelque chose en plus.
Les plus grands veulent comprendre pourquoi tu n'es pas comme eux.

LE SPORT

Il y a la piscine où tu te sens comme tout le monde, sans ton fauteuil, soit dans une grande bouée, soit entouré de rouleaux en mousse. Tu arrives à être droit. Je me rends compte aujourd'hui que tu me dépasses. Avec mon mètre cinquante sept, il n'y a pas beaucoup d'efforts à faire.

L'eau te détend. Les vacances d'été, nous n'hésitons pas à aller au sud de Tarragone, en Espagne, là où la mer est chaude.

Depuis peu, nous avons aussi découvert pour toi le fauteuil-ski. Quelles sensations fortes. Pour moi c'est d'abord une terrible angoisse, malgré la confiance que j'ai pour le moniteur qui te conduit. Entouré de papa et du moniteur, tu es emmitouflé complètement sur une grande luge équipée de skis avec un appui à l'arrière pour que l'on puisse te guider. Te voilà parti sur un télésiège pour ensuite dévaler les pistes à une vitesse qui laisse ton père pantois. Tu arrives à le dépasser en ski. Qui l'aurait cru ?

Quelle aventure ! Au bout de trois grandes descentes, tu reviens absolument ravi de ton expérience et tu remercies plusieurs fois le moniteur. Je n'en reviens pas, tu m'épateras toujours.

Pour revenir au sport quotidien, chaque occasion à la maison de te faire manipuler ton fauteuil est importante pour moi. On aurait tendance à te pousser, c'est plus facile, mais moi, je te demande toujours de te débrouiller et de venir tout seul.

Tu n'en as pas toujours envie, alors tu me cries : « oui, j'arrive ! »
Mais tu n'arrives pas, alors j'insiste et je te propose d'imaginer que tu es au départ d'une course dont tu ressortiras vainqueur : « Allez Yoann, tu es en tête c'est bien, encore un effort. » Tu accélères au son de ma voix, c'est un véritable reportage de sport, comme à la télé ! « Hourra, tu as gagné. »

A la montagne, tu participes aussi une fois par an à une journée « Sport pour tous ». Plusieurs activités sont organisées, bowling, jeu de quilles, escalade et surtout des tricycles tirés par un quad et, de chaque côté du guidon, tes neveux sont ravis de t'aider à faire ce rallye. Depuis quelque temps, tu es le seul jeune en fauteuil alors bien évidemment, tu remportes la médaille dans ta catégorie. Nous en sommes tous très fiers.

L'ADMINISTRATION

Jamais je n'ai rempli autant de papiers, certains à renouveler chaque année comme l'accord du transport mensuel une fois par mois. (On ne sait jamais, d'une année sur l'autre, tu pourrais avoir passé ton permis de conduire).

Faire à nouveau attester par un médecin expert le taux de ton handicap.

(Une annonce en grand titre aurait été publiée sur le journal local si tu avais tout à coup une vie comme monsieur tout le monde).

Redemander l'Allocation Adulte Handicapé, alors que tu es dans une maison d'accueil spécialisée, depuis quelques années. (Au cas où tu changerais pour une résidence particulière au bord de l'eau).

Tout cela nous est imposé avec obligation pour les familles.

Nous nous efforçons de vivre normalement et on nous rappelle à l'ordre, non, nous n'avons pas un enfant comme tout le monde, surtout ne l'oubliez pas.

Chaque année, nous devons faire un relevé, au juge de tutelle, des frais occasionnés, jusqu'aux produits de toilette, couches, vêtements etc....

Vraiment, on ne nous simplifie pas la vie. Toi, ce n'est pas ta préoccupation, encore un avantage.

On t'a délivré une carte d'invalidité permanente, mais pour l'administration cela ne suffit pas. Ton handicap est toujours à justifier.

TON HUMOUR

Certaines de tes répliques, toujours bien appropriées me restent à l'esprit.

L'une traduit bien ta perspicacité à saisir le sens des phrases. Au cours d'une réunion où tu assistes à la présentation de ton projet personnalisé, nous sommes assis autour d'une table avec la direction de l'établissement et l'équipe qui s'occupe de toi.

Après maints compliments sur ta bonne humeur, ta gentillesse, arrive le point concernant ton poids, tu as pris quelques kilos. Moi, je trouve cela normal, tu es un homme maintenant.

Il est vrai qu'un petit régime nous faciliterait les manipulations. La direction nous explique que, maintenant, les petits déjeuners du matin sont beaucoup plus équilibrés (donc moins copieux !).

Tu répliques avec un naturel bien trempé :

- C'est parce que c'est moins cher !

Consternation générale ! Et oui mon Yoyo, tu n'as peut-être pas tout à fait tort.

Il arrive souvent aussi, lorsque tu écoutes les informations à la télévision, que tu saisisses très bien tout ce qui se passe. Lors d'annonces négatives, nous t'entendons dire : « Ho là là! Ça se dégrade de plus en plus. ». Ou bien autre réplique, tout à fait appropriée à la situation, « c'est dramatique, il va aller en prison. »

La météo aussi t'intéresse beaucoup, dès que le temps le

permet, tu demandes à aller dehors. Tu adores être au soleil.

Lorsque tu regardes (plutôt tu écoutes) un film d'action à la télé, tu entres complètement dans le feu de l'action. Tu participes au dialogue en donnant tes propres réponses :

- Qui a tué Mr Untel?
- Ce n'est pas moi.

La grande énigme reste quand même, trois mots dans ton vocabulaire que je n'arrive pas à te faire dire :

Bonjour Au revoir et Papa

C'est un grand mystère, tu es capable d'énoncer des phrases très pertinentes avec des adjectifs recherchés et les simples mots comme bonjour et au revoir, il t'est impossible de les prononcer. Tu réponds « très bien je vais très bien » à la place de bonjour.

- Yoann, quand diras-tu bonjour maman ?

Réponse :

- Demain.

« Au revoir », je l'explique par un refus de quitter les choses, les gens, la maison.
Quant à papa, tu l'appelles toujours par son prénom. Pour moi, cela t'arrive, lorsque je ne te réponds pas tout de suite, très souvent tu questionnes :

- Maman où est-elle ?
- Maman est là ?

- Maman va venir ?

Si tu n'entends pas de réponse, ta voix s'élève, un peu plus forte et tu finis par m'appeler " Linda". Cela restera un mystère pour nous.
Chaque jour, des évolutions sur le plan de tes émotions et de tes sentiments sont constatées.
Tes bonheurs sont simples ; avoir les personnes que tu aimes autour de toi, être dehors quand il fait beau, te mettre au soleil, te promener, aller à des spectacles et faire la fête.
Tu éclates de rire très souvent, tout va toujours très bien.
Tu es très compréhensif : lorsque quelqu'un est maladroit avec toi, tu lui dis tout simplement :

- Ce n'est pas grave.

Tu remercies très souvent les gens qui t'aident.
Une personne très proche de toi, c'est ton grand-père. Vous passez ensemble de grands moments de complicité. Il te raconte des histoires, il chante et tu adores ça. Lorsqu'il vient, passer à la maison 15 jours ou trois semaines, je m'arrange toujours pour que tu restes une semaine complète en vacances avec lui. Quand il repart, (il habite à 700 km) tu comprends très bien que tu ne vas pas le voir pendant un moment. Au bout d'un mois, tu m'interroges :

- Il vient quand, pépé ?

LE COUPLE

Mère et femme, je ne sais plus où j'en suis. Mère avant tout, et lui plutôt mari avant père. Difficile de tout concilier, pourtant on s'accroche. Nous avons vraiment besoin l'un de l'autre. J'ai vu tellement de couples se séparer, souvent l'homme ne supporte pas le handicap.

Nos réactions sont très différentes. J'extériorise avec mes mots, mes peines, mes joies.

Lui, plus réaliste mais moins combatif, s'est renfermé les premières années. Pris par son travail, il m'a laissée me débrouiller comme je pouvais.

On rêve tous les deux de tout recommencer de zéro. Partir quelques jours pour effacer la somme de difficulté qu'il nous faut affronter quotidiennement. Nous pouvons nous échapper depuis peu et nous retrouver. L'angoisse de te laisser me terrorise mais, ta santé s'améliorant de jour en jour, je suis moins inquiète. Je prends beaucoup sur moi, ton père est très patient. Yoann devient un homme maintenant. Les épreuves nous ont soudés l'un à l'autre. Nous avons été pris dans une spirale d'émotions, d'angoisses, d'espoirs, de désespoirs, d'agitation et de répit. Le handicap nous enveloppe, nous nous sommes blindés, chacun à notre manière, pour nous en sortir.

MA PHILOSOPHIE

Trente cinq ans de bonheur quand tu es près de moi, de doutes et d'angoisse quand je pars en voyage, de révolte aussi, car on ne peut t'emmener partout.

Qu'aurait été ma vie sans toi ?

Tu es un grand bonheur, tu nous fais ressentir les couleurs de la vie. Lorsque j'ai mal au dos, je pense à toi qui ne te plains jamais.
Les pensées sont d'une puissance incroyable, j'ai essayé de te convaincre depuis que tu es tout petit que tu es très beau, le plus gentil du monde, un amour, un ange, et le résultat, est que tu es tout cela. Dans la vie, j'ai remarqué quand une porte nous claque au nez, qu'il y a toujours une fenêtre qui s'ouvre. Il faut y croire, même la réussite d'une petite chose, survient parce que l'on en est convaincu.

Sentir le succès produit le succès !

D'ailleurs une bonne journée commence par être bien soi-même. J'ai appris à ne pas regarder au-dessus mais en-dessous dans certaines circonstances.

Après nos visites à la MAS, nous n'avons pas le droit de nous plaindre, tu ne cries jamais, tu ris et fais rire les autres, tu discutes, un vrai rayon de soleil !

Tout le monde s'attache à toi, que demander de plus ? Ce qui m'importe avant tout, c'est que tu aies réussi à te faire une place entière dans ton monde.

MA PRIERE

Le plus gros souci, c'est après. Tous les parents comme nous partagent la même angoisse. Personne ne peut remplacer des parents et surtout une maman ayant un enfant handicapé. L'idée que je puisse partir avant toi et te laisser, m'est absolument insupportable. Encore une fois, je veux me convaincre que ce sera le plus tard possible, pourvu que mon vœu se réalise !
Il m'arrive souvent d'adresser cette prière à haute voix au « Tout Puissant », j'y crois, et cela m'aide. J'espère qu'il m'entend.

Il y a un an que j'ai commencé ce livre, tu as maintenant 35 ans. Nous avons fini par une certaine sérénité dans notre mode de fonctionnement. Je me sens plus apaisée, tant que je te vois heureux et sans souffrance. Mais, je reste très vigilante. Une amie m'a dit un jour qu'elle nous enviait ! Cela peut paraître bizarre, mais elle m'explique qu'elle admire notre vie ouverte aux autres, l'esprit d'entreprise que nous déployons partout et le bonheur de voir Yoann épanoui. Nous avons réussi a entreprendre beaucoup de choses à coté. Notre porte est toujours ouverte et tu en es très heureux.
Quel réconfort qu'entendre ces paroles !

LE BONHEUR

Mon roi, mon ange, je t'ai tellement persuadé que tu es le plus aimable, le plus beau, que tu rappelles les autres à l'ordre lorsqu'ils ne te nomment pas : "Mon roi ou mon ange".

J'essaie de t'apporter du bonheur avec des petits moyens, car rien ne peut changer complètement les choses.
Le plaisir, juste l'instant, la seconde, la minute où tu énonces un nouveau mot, pour nous, c'est toujours l'émerveillement. Je te félicite, je suis fière de toi, je te vois alors avec un visage rayonnant de bonheur.
On peut se remémorer ce court instant, le partager autour de nous et alors cette seconde de bonheur durera le temps que l'on voudra.

LES CHAUSSURES

Avant de terminer ce livre, il y a un thème qui me tient à cœur, un fantasme, un rêve. « Encore un ».

Je fais tout de manière à te chausser comme tout le monde. Rien à faire, tu ne peux supporter que des pantoufles. Ton placard est rempli de différentes paires de chaussures. Aucune ne peut être à tes pieds plus de quelques heures. Je décide de te faire un tableau au pastel, de peindre de très belles chaussures. C'est dire à quel point une petite révolte est encore au fond de moi.

A l'occasion d'un anniversaire, la grande fête se prépare. Il m'est important, que tu sois élégant comme les autres. Pour ta tenue vestimentaire, pas de problème, tu es au top de la mode. Reste toujours ces fameuses chaussures introuvables.

Il me vient une idée. Je recouvre tes chaussons de cuir, l'illusion est parfaite. Il n'y a sans doute que moi qui fais attention à ce genre de détails. Personne ne remarque que tu es en pantoufles camouflées.

MON ROI, MON ANGE

Mon enfant différent
Mon ange je t'appelle
Mon ange tu es

Tes rires éclatants
Les bonheurs du moment

Tout au premier degré
Touchant de spontanéité

Image de douceur
J'en oublie ma rancœur

Pour moi une injustice
Pour toi c'en est ainsi

Charmeur par ton sourire
Comme une fleur épanouie

Ton calme apaisant
Nous apaise souvent

Tu m'as appris un long combat
Me surpasser pour arriver

Te sortir de ton scaphandre
Afin de pouvoir t'entendre

Tes premiers mots sont devenus
Une véritable délivrance

Nous portons tous les deux
Un gros sac de patience

Une chance pour nous
On en a à revendre

Une dose par jour
Nous partageons ensemble

Souvent je t'ai rêvé
Me tenant par la main

Marchant à mes côtés
Comme si de rien n'était

Mon enfant différent
Etrange par moments

L'amour qui nous unit
Pour toujours pour la vie.

EPILOGUE

Ces mots je les ai écrits pour retenir les moments qui m'ont le plus marquée dans la vie de Yoann. Ces mots sont une véritable thérapie pour coucher tous mes sentiments, toutes mes émotions, tous mes espoirs et mes désespoirs sur des pages.
Depuis ta naissance, nous n'avons jamais baissé les bras. Toi aussi, tu batailles à ta façon. C'est ta joie de vivre qui nous encourage. La force qu'il m'a donnée pour me battre, son rire, ses répliques pleines d'humour et toujours à bon escient, tous ces ingrédients nous permettent d'avoir une existence sereine et douce avec lui. C'est un combat pour une vie différente, avec des montagnes escaladées, des angoisses et des peurs vaincues, des embûches mais des soucis surmontés. Lorsque nous apercevons un coin de ciel bleu, nous le vivons à 110 pour cent et tout s'aplanit. Ce livre d'espoir et d'amour, je l'écris avant tout pour Yoann et tous ceux qui lui ressemblent. C'est un témoignage de toutes les étapes de sa vie au quotidien avec le handicap.

Je te dédie ce livre, Yoann, et je remercie tous ceux qui contribuent ou qui ont contribué à nous aider sur cette voie difficile.

REMERCIEMENTS

A mes enfants, mon mari, mes amis, pour leur soutien et leur aide moral et physique.

A mes amies Marie Paule M, Marie Paule G, Mariette, Marie-Laure, pour avoir contribué à la relecture de ce livre.

A tous ceux qui entourent Yoann de leur affection

A toutes les personnes qui s'occupent de lui

Merci à toi, mon Yoann, mon roi, mon ange pour tout l'amour que tu me donnes

L'HARMATTAN, ITALIA
Via Degli Artisti 15; 10124 Torino

L'HARMATTAN HONGRIE
Könyvesbolt ; Kossuth L. u. 14-16
1053 Budapest

ESPACE L'HARMATTAN KINSHASA
Faculté des Sciences sociales,
politiques et administratives
BP243, KIN XI
Université de Kinshasa

L'HARMATTAN CONGO
67, av. E. P. Lumumba
Bât. – Congo Pharmacie (Bib. Nat.)
BP2874 Brazzaville
harmattan.congo@yahoo.fr

L'HARMATTAN GUINÉE
Almamya Rue KA 028, en face du restaurant Le Cèdre
OKB agency BP 3470 Conakry
(00224) 60 20 85 08
harmattanguinee@yahoo.fr

L'HARMATTAN CAMEROUN
BP 11486
Face à la SNI, immeuble Don Bosco
Yaoundé
(00237) 99 76 61 66
harmattancam@yahoo.fr

L'HARMATTAN CÔTE D'IVOIRE
Résidence Karl / cité des arts
Abidjan-Cocody 03 BP 1588 Abidjan 03
(00225) 05 77 87 31
etien_nda@yahoo.fr

L'HARMATTAN MAURITANIE
Espace El Kettab du livre francophone
N° 472 avenue du Palais des Congrès
BP 316 Nouakchott
(00222) 63 25 980

L'HARMATTAN SÉNÉGAL
« Villa Rose », rue de Diourbel X G, Point E
BP 45034 Dakar FANN
(00221) 33 825 98 58 / 77 242 25 08
senharmattan@gmail.com

L'HARMATTAN TOGO
1771, Bd du 13 janvier
BP 414 Lomé
Tél : 00 228 2201792
gerry@taama.net

503315 - octobre 2012
Achevé d'imprimer par
1livre.com
du rêve à la réalité !